KB122983

列女傳

열녀전

列女傳

열녀전

여성의 삶을 말하다

유향 지음
김지선 옮김

동아일보사

그 옛날 여인들은
어떤 삶을 살았을까

　『열녀전(列女傳)』은 한(漢)나라 유향(劉向)이 편찬한 여성 전기집으로 총 104조목의 이야기가 수록되어 있다. 유향은 경학가로서 오경(五經)에 통달했는데, 『시경(詩經)』『서경(書經)』『춘추(春秋)』『좌전(左傳)』『국어(國語)』『전국책(戰國策)』『사기(史記)』 등 여러 서적을 두루 참조해, 여성과 관련한 사적을 기록한 『열녀전』을 편찬했다. 『열녀전』은 제목 그대로 여러 여성의 행적을 기록한 열전(列傳)으로, 절개를 지킨 열녀(烈女)의 행적을 선양하기 위해 쓴 『열녀전(烈女傳)』과는 다르다.

　유향은 여성의 유형을 일곱 가지로 나누어 「모의전(母儀傳)」「현명전(賢明傳)」「인지전(仁智傳)」「정순전(貞順傳)」「절의전(節義傳)」「변통전(辯通傳)」「얼폐전(孽嬖傳)」으로 구성했다. 자식을 잘 키운 여성, 현명한 여성, 인자하고 지혜로운 여성, 지조가 곧고 순종적인 여성, 절개와 도리를 지키는 여성, 언변이 뛰어나고 사리에 통달한 여성, 나라를 망하게 한 여성 등 다채로운 관점에서 여성의 삶에 접근해 그 행적을 담아냈다.

『열녀전』에 수록된 여성의 신분도 다양하다. 시조(始祖)의 어머니와 같은 신화적 인물에서 왕후, 재상, 장군, 학자의 어머니나 아내는 물론, 평민, 유모, 시녀 등에 이르기까지 폭넓은 계층의 여성을 다루고 있다. 『열녀전』은 춘추전국시기 여성의 삶을 풍부하게 담고 있을 뿐 아니라 최초로 여성을 중심으로 서술한 역사서라는 점에서 사료적 가치와 의미가 크다.

유향의 『열녀전』에서 가장 독특한 설정을 꼽으라면, 단연 「얼폐전」이다. 「얼폐전」은 음란하고 도리에 어긋난 행동으로 나라를 망치거나 혼란에 빠뜨렸던 여성의 행적을 기록한 것이다. 소위 '악녀'를 중심으로 서술한 사료인데, 유향의 『열녀전』 이후에 나온 수많은 『열녀전』을 비롯하여 역대 사서에서도 찾아보기 힘든 사례이다. 성리학이 성행하고, 정절을 지킨 열녀(烈女)를 추앙하는 분위기가 만연하면서, 「얼폐전」은 관심 밖의 대상이 되어간 것으로 보인다.

유향이 「얼폐전」을 『열녀전』에 넣은 이유는 분명하다. 성제(成帝) 시기에 황제의 총애를 받은 황후 조비연(趙飛燕)이 황실을 어지럽히고, 외척 세력이 전횡하는 상황을 목격하면서, 이를 견제하고 풍자하고자 한 것이다. 그래서 앞의 여섯 편에서는 유가의 덕목을 실천한 긍정적인 여성의 형상이 그려지지만, 마지막 편인 「얼폐전」에서는 부정적인 여성의 형상이 제시된다. 이러한 선명한 대비 덕분에 『열녀전』은 여성의 덕목을 교육하는 교재로 활용되기에 손색이 없었을 것이다.

한편 『열녀전』은 『좌전』 『국어』 『전국책』 등의 전적을 토대로 하면서 역사 전기(傳記)라는 형식을 취했다. 그래서 '이야기성'이 뚜렷할 수밖에 없다. 유향은 기존 사료를 그대로 가져오지 않고, 윤색을 가미해 자신만의 언어로 생동감 있게 표현했다. 그래서인지 『열녀전』을 읽다 보면 자신도 모르는 사이에 이야기를 읽는 재미에 흠뻑 빠져들게 된다.

이처럼 재미있으면서 또 한편으로 유익하기도 한 까닭에 『열녀전』은 오랜 세월 동안 많은 독자를 확보할 수 있었다. 어렵고 난해한 경전의 문장 대신 재미있는 이야기를 통해 유교의 교리와 도덕을 쉽게 터득하게 했으므로 교육서로서 그 효과가 매우 컸을 것이다.

유향은 각 조목마다 여성의 행적을 서술한 다음, '군자왈(君子曰)'이라는 문장 형식을 덧붙였다. 해당 인물의 행적 중 가장 뛰어난 덕목을 한 문장으로 압축하여 평가하는 요소이다. 그런데 흥미롭게도 부정적인 형상의 여성을 기록한 「얼폐전」에는 제(齊)나라 목강(繆姜)을 제외하고 '군자왈'이라는 형식을 찾아볼 수 없다. 아마도 유향은 부정적인 여성의 형상이 군자가 논해야 할 바와 맞지 않다고 판단했던 것으로 보인다. 그러나 「얼폐전」의 다른 여인과 달리, 그나마 목강은 죽기 전에 자신의 잘못을 참회했다. 그래서 그 안타까운 심정을 '군자왈'이라는 짧은 문장으로 표현했을 것이다.

'군자왈'이라는 문장 다음에는 『시경』의 구절이 인용된다. 전고(典故)가 되는 구절을 인용하거나, 그 상황에 잘 맞는 구절을 적절하게 인용해 뜻이 명확하게 드러나게 했다. 간혹 『시경』 대신 『서경』이나 『주역(周易)』을 인용한 경우도 있다.

또한 모든 이야기의 마지막은 '송왈(頌曰)'이라는 형식으로 마무리된다. 4언 운문으로 이야기의 전체 내용을 핵심적으로 마무리해주는 역할을 한다. 요약적으로 표현된 4언 운문을 읊조리다 보면, 각 전기의 내용과 그것이 전달하고자 하는 교훈이 무엇인지 금방 이해하게 된다.

『열녀전』은 여성이 서사의 중심이 되었다는 점에서 분명 의미가 있다. 하지만 남성 학자인 유향의 시점에 의해 편찬된 여성 전기이기에 남성이 여성을 바라보는 시선이 자연스럽게 개입할 수밖에 없다. 더욱이 인물을 취사선택하는 기준은 모두 유교의 교리에 부합하는가의 여부에 달려 있었다. 그렇기에 오늘날 여성주의의 시각에서 보았을 때 많은 비판을 받을 수 있다. 왕의 청혼을 거절하기 위해 자신의 코를 베어버린 과부나 남편의 부절(符節)이 없어 홍수가 난 누대 위에서 내려오지 못하고 죽은 여인 이야기는 애처롭다 못해 불편하기까지 하다.

그럼에도 그 안에는 꾸미지 않은 날것 그대로의 삶이 들어 있다. 춘추전국시기는 아직 유교가 지배 이념으로 확립되기 전이다. 숨이 막히도록 여성의 정절을 강조하고 모든 여성이 열녀가 되기를 강요하던 시절이 아니어서, 이 시절 여성의 행적을 다룬 유향의 『열녀전』은 그 옛날 치열하게 자신의 삶을 살아갔던 여성의 모습을 고스란히 보여준다. 잘못된 왕의 정치에 간언한 후비는 말할 것도 없고, 때로는 평범한 아낙도 나서서 왕에게 간언했다. 아내는 남편의 잘못을 꾸짖었고, 과부가 된 며느리를 시어머니가 직접 재가시키기도 했다. 충성과 의리를 지키고, 심지어 전쟁이 일어날 위기를 막아낸 여인도 있었다.

여인들의 간언은 강직했고 판단력과 행동은 과감했다. 거대한 역사의 수레바퀴가 굴러가는 데에는 수많은 목소리와 노력이 얽혀 있는 것이거늘, 역사적 글쓰기는 늘 왕이나 권력을 쥔 자를 중심으로 조명되어 왔다. 그렇게 본다면 유향의 『열녀전』은 늘 역사의 주변부에서 서성였던 여성의 목소리, 자칫 묻혀버릴 여성의 삶을 지금까지 생생하게 전달

해주고 있는 통로인 셈이다. 『열녀전』이 그 옛날을 살았던 이들의 숨결을 함께 느끼고, 그들의 생활을 더욱 풍부하게 이해할 수 있는 기회가 되기를 바란다.

이 책에서 참조한 저본은 『사부총간초편(四部叢刊初編)』에 수록된 판본이고, 삽화는 『문선루총서(文選樓叢書)』에 수록된 『신간고열녀전(新刊古列女傳)』에서 인용했음을 밝혀둔다.

2016년 늦여름
옮긴이 삼가 씀

차례

모의전

母儀傳

어머니의 모범이 된 여인들

어머니, 그 위대한 존재를 말하다

『열녀전』의 시작은 「모의전」이다. 이는 유향이 여성의 여러 역할 가운데 '어머니'를 가장 중요하게 보았음을 말해준다. 유향이 제시하는 어머니의 정의는 분명하다. '낳아준 자'보다는 '가르치고 키워내는 자'에 방점이 찍혀 있다. 남의 자식을 극진하게 길러낸 사례가 적지 않게 수록되었고, 특히 친족 관계로 묶이지 않는 보모(保姆)의 이야기가 포함된 사실이 이를 증명한다. 어머니란 혈육을 키워내는 자를 넘어, 세상의 모든 자식과 생명을 끌어안고 가르치는 존재인 것이다.

강원은 처음부터 좋은 어머니가 아니었다. 거인의 발자국을 밟는 신비한 경험을 한 뒤 잉태하여 아이를 낳고는 두려워서 아이를 버린다. 하지만 낯선 사람들과 온갖 동물이 아이를 보호해주는 모습을 보고 다시 데려와 키운다. 아이를 버렸다는 미안한 마음을 평생 안고 가기 위해 그랬던 것일까? 특이하게도 강원은 아이의 이름을 '기(棄)'라고 짓는다. 기는 '버린다'라는 뜻이다. 그 후 강원이 기를 정성스럽게 키우며 가르친 것은 다름 아닌 농사였다.

농사는 세상의 모든 백성과 생명을 살리는 삶의 근간이다. 강원에게 뽕과 삼 심는 법을 배운 기는 이후 농사일을 관장하는 후직이 되었다. 백성이 곤궁하고 굶주린 상황에 처하자 기는 온갖 곡식을 파종해 백성을 구제했으니, 이는 강원의 가르침에서 시작되었다고 볼 수 있다. 『시경(詩經)』에서는 "상제(上帝)가 강원에게 의지했네"라고 노래했다. 강원은 다름 아닌 하늘을 보좌하는 대지의 어머니, 모든 생명과 풍요를 다스리는 지모신(地母神)이었다.

유향은 또한 태임의 이야기를 통해 태교에 대해 말했다. 반소(班昭)의 『여계(女誡)』, 송약신(宋若莘), 송약소(宋若昭) 자매의 『여논어(女論語)』, 인효문황후(仁孝文皇后)의 『내훈(內訓)』, 유씨(劉氏)의 『여범첩록(女範捷錄)』 등 여성 문인이 쓴 교육서 여사서(女四書)에서도 태교는 언급되지 않았다. 이에 비해 남성인 유향이 태교를 비교적 자세하게 다룬 것은 매우 이례적이라 할 수 있다.

좋은 어머니가 되는 첫걸음이 태교에 있다는 사실은 누구나 인정한다. 태임은 마음을 선하게 하고, 좋은 것만 보고 듣고 느끼는 것이 태교에서 가장 중요하다는 사실을 일찍이 깨달았다. 더 나아가 사람의 모습과 소리가 만물을 닮은 것은 어머니가 만물과 교감하고 감화를 받은 데서 비롯된다고 보았다. 인간은 어머니라는 매개자를 통해 태어나기 전부터 세상과 소통하는 방법을 터득할 수 있다. 만물과 공감하고, 소통하며, 품어내는 자, 그 숭고한 이름은 다름 아닌 어머니이다.

삼종(三從)의 예를 깨뜨려 문지방을 넘어서다

『시경』「소아(小雅)」 '사간(斯干)'에서 딸을 낳아 바르게 키우는 모습을 노래한 구절이 있다. "잘못이나 그른 일 아니하니, 오직 술과 음식 얘기하여, 부모님 걱정 끼치는 일 없겠네." 전통적으로 여자는 그저 집안에서 음식 장만이나 하고, 부모님을 거역하지 않고 사는 것을 미덕으로 여겨왔다. 『주역(周易)』에서도 "집 안에서 음식 장만이나 하고, 이루려고 하는 바가 없어야 한다"고 했다. 사람의 삶에는 안과 밖의 구분이 있어, 여자는 집안 문제에만 관심을 두고, 바깥일에 대해서는 생각하지 말아야 했다. 맹모가 삼종(三從)의 예를 말한 것도, 여자에게는 스스로 결정하고 행동할 수 있는 권한이 없음을 의미했다.

그런데 「모의전」의 어머니들은 가만히 규방 안에만 머무르려 하지 않았다. 적극적으로 나서서 자신의 목소리를 냈고, 때로 결단력 있게 판단하고 행동했다. 정강의 경우가 그렇다. 정강의 유일한 혈육이던 아들이 결혼하고 얼마 되지 않아 자식 없이 죽었다. 그러자 정강은 삼년상을 치르고 나서 며느리를 바로 재가시킨다. 며느리에게 수절을 강요하지 않고 재가시킨 결정은 과감한 결단력과 너그러운 사고 없이는 불가능했을 것이다.

정강의 결단력은 여기에서 그치지 않는다. 정공의 개인적인 원한 관계 때문에 위나라가 진나라와 사이가 나빠졌을 때, 정강은 정공에게 간언해 전쟁을 막았다. 또한 정나라 군사가 침략했을 때는 적의 상황을 살피면서 전략을 짜 위나라를 지켜냈다. 결국 정강은 위나라가 전쟁에 처할 위기를 두 번이나 막아냈다. 전쟁과 환난으로부터 백성을 구해낸 정강의 결단력은 규방의 경계를 넘어 나라를 구하는 데까지 이르렀다.

한편 장군 자발의 어머니는 너무도 매섭게 아들의 잘못을 꾸짖는다. 자발이 전쟁에서 이기고 돌아오자 나라에서는 큰 영웅으로 환대했지만, 그의 어머니는 아들을 쫓아내며 집에 들어오지 못하게 했다. 전쟁에서 병사들이 콩밥을 나누어 먹으며 싸우고 있는 동안, 자발은 좋은 반찬과 밥을 먹으며 편하게 지냈다는 소식을 들었기 때문이다. 자발의 어머니는 월왕 구천의 이야기로 자발을 뉘우치게 하며, 병사들과 화합하지 못한 아들의 잘못을 꾸짖었다. 여기에는 죽음을 무릅쓰고 싸우는 모든 병사를 자신의 아들처럼 긍휼히 여기는 자애로운 마음이 드러나 있다. 병사와의 화합을 강조하는 가르침은 결국 전쟁과 나라의 안녕으로 이어진다. 실로 규방 안에서 세상을 움직이는 힘을 보여준 사례이다.

그런가 하면 자모는 아예 규방 밖으로 뛰쳐나와 자식을 살리기 위해 맨발로 뛰었다. 자모는 친아들 셋을 데리고 망묘의 후처로 들어가 전처의 자식들을 보살폈다. 친아들들에게 차별대우를 하면서까지 전처의 자식들을 극진하게 대했다. 그래도 좀처럼 그들의 마음을 얻을 수 없었다. 그러던 중 전처의 셋째 아들이 왕의 법령을 어겨 사형당할 처지가 되었다. 자모는 규방 안에 홀로 앉아 울기만 하면서 기다리는 여인이 아니었다. 허리띠가 한 자나 줄어들 정도로 부지런히 뛰어다니며, 셋째 아들의 목숨을 구하기 위해 애썼다. 유교의 덕목에 따르면, 여성은 자신의 목소리를 낼 수 있는 자가 아니다. 그런데도 자모는 아들을 재판하는 자리에 나서서 직접 변론했다. 결국 자모의 변론에 감동받은 왕이 아들의 죄를 사해주었고, 전처의 아들들은 비로소 자모에게 마음을 열었다. 어떠한 희생도 마다하지 않은 헌신 덕분이었다.

올바른 교육이란 무엇인가

진정한 어머니의 역할은 낳는 데서 그치는 것이 아니라 잘 가르치는 데 있다. 유향이 유모 이야기를 「모의전」에 넣은 것은 어머니의 범주를 포괄적으로 설정함과 동시에, 가르치는 존재로서 어머니의 역할을 강조했음을 말해준다. 「모의전」은 '자식에게 무엇을 어떻게 가르칠 것인가'라는 문제를 다양한 형태로 보여준다. 특히 제나라 왕실 보모의 이야기는 아들이 아니라 딸을 잘 키운 사례라는 점에서 주목할 만하다. 외모 꾸미기만 좋아하던 장강은 보모에게 교육을 잘 받아 심성 바른 여인이 되었고, 희공의 아들을 양자로 삼아 환공으로 훌륭히 키워냈다.

제나라의 재상 전직자의 어머니는 어느 날 아들이 뇌물을 받은 것을 알고 호통을 치며 내쫓는다. 정당하게 일해서 돈을 벌고, 남의 돈을 받았으면 그만큼 일을 더 열심히 해야 함은 '공정함'이고, 스스로에게 당당해지는 길이다. 전직자의 어머니는 의(義), 충(忠), 효(孝)의 문제를 들어 훈계했고, 전직자는 반성하며 재상의 자리를 내놓는다. 왕은 이 사실을 듣고 모든 것을 용서했고, 그 어머니를 크게 칭찬했다. 지식이 아니라 올바른 도리, 이기심과 탐욕이 아니라 정의로움과 청렴함을 가르친 전직자의 어머니 이야기는 참교육이 무엇인지 다시 한 번 일깨워준다.

맹자의 어머니가 교육을 위해 세 번이나 이사한 것은 익히 알려진 이야기이다. 자식의 교육 환경을 만들어주는 데 극성스러운 부모를 비유할 때, 종종 맹모삼천지교(孟母三遷之敎)의 전고(典故)가 쓰이기도 한다. 하지만 간과해서는 안 될 점이 있다. 맹모가 이사를 세 번 하는 과정에서 시도했던 교육 방법은 맹자의 배움에 어머니가 적극적으로 개입하는 방식이 아니었다. 그보다는 주변 환경에 자연스럽게 영향을 받으면서 맹자가 저절로 터득하고 생각할 수 있도록 가르치는 방식이었다.

공평하고 올바른 도리를 실천했던 맹모의 면모는 맹자와 며느리 사이에서 예를 두고 벌어진 논쟁에서 잘 드러난다. 어느 날 안방에서 웃옷을 벗고 있는 부인을 본 맹자는 언짢아하며 방을 나가버린다. 맹자의 부인은 시어머니를 찾아가 부부의 예를 설파하면서, 남편의 태도가 잘못되었다고 고했다. 맹모는 며느리가 타당하다고 판단했고, 맹자를 불러 타이른다. 감정에 치우치지 않고, 타당함을 근거로 판단하고 행동하는 모습이다. 유교의 도리를 유연하게 해석하고, 사리 분별이 뛰어난 태도를 몸소 보여준 자, 그 자체로 훌륭한 스승이었던 어머니. 우리는 적어도 맹모를 이렇게 이해해야 한다.

농사를 가르치다

· ·

　기(棄)의 어머니 강원(姜嫄)은 태후(邰侯)의 딸이다. 요(堯)임금 때, 길을 가다가 거인의 발자국을 보고 호기심이 생겨 밟았는데, 집에 돌아와서 보니 임신을 했다. 점점 배가 불러오자 마음속으로 괴이하고 꺼림칙한 느낌이 들었다. 점을 치고 신에게 치성을 드리며 임신이 아니기를 바랐지만 결국 아들을 낳았다. 상서롭지 못하다고 여겨 좁은 골목에 아기를 버렸더니, 소와 양이 피하며 밟지 않았다. 다시 아기를 평지의 숲 속에 놓아두었더니, 후에 벌목하는 사람들이 아기에게 자리를 깔아주고 몸을 덮어주었다. 이번에는 차가운 얼음 위에다 두었더니, 날아가던 새가 날개를 구부려 아기를 감싸주었다. 강원이 이상하다고 여겨 아기를 데리고 돌아왔다. 아기를 버린 일 때문에, 버린다는 뜻의 기(棄)를 이름으로 지었다.

　　강원은 맑고 고요하며 한 가지 일에만 전념하는 성품을 지녔고, 씨
뿌리고 밭 갈고 수확하는 일을 좋아했다. 기가 자라자 강원은 기에게 뽕
나무와 삼 심는 법을 가르쳤다. 기는 총명하고 어질어서 가르침을 잘 따
를 수 있었기에, 마침내 명성을 얻었다. 요임금은 기에게 농사일을 관장
하는 직관(稷官) 자리를 주었다가, 다시 태(邰) 땅에 나라를 세워 기를 봉
하면서 후직(后稷)이라 불렀다.
　　요임금이 죽고 순임금이 즉위하자 순임금은 이렇게 명했다.

　　"기야! 백성이 곤궁하고 굶주리고 있으니, 너는 직관이 되어 온갖 곡
식을 파종하도록 해라."

　　기의 후예는 그 후 대대로 직관의 관직을 맡다가, 주(周)나라 문왕(文
王)과 무왕(武王)에 이르러 나라를 일으켜 천자가 되었다.

　　군자가 말했다.

　　"강원은 성품이 고요하고 교화에 힘썼다."

　　『시경』에 "밝고 밝으신 강원은 그 덕에 어긋남이 없어, 상제(上帝)가 그에게 의지했네"라 했고, 또 "문덕(文德) 높으신 후직은 저 하느님과 짝을 이룰 만하여, 우리 백성이 안정되었네"라고 했다. 모두 이를 두고 한 말이다.

송(頌)하여 말한다.

기의 어머니 강원은 맑고 고요하며 오직 한 가지 일에만 전념했네.
거인의 발자국을 밟고 임신하자 두려워 아이를 들에 버렸지만
뭇 새와 짐승이 덮어주고 감싸주어 다시 데리고 와 힘써 키웠네.
마침내 천자를 보좌했으니 어머니의 도리 이미 다했네.

태교의 중요성을 깨닫다

• •

주나라의 세 어머니 태강(太姜), 태임(太任), 태사(太姒) 이야기다.

태강은 왕계(王季)의 어머니이고, 유태씨(有台氏)의 딸이다. 태왕(太王)이 태강에게 장가들어 아내로 맞이했고, 태백(太伯), 중옹(仲雍), 왕계를 낳았다. 태강은 성품이 곧고 온순했으며 궁궐 내의 일을 이끌 때 실수한 적이 없었다. 태왕은 일을 도모하거나 기산(岐山)으로 거처를 옮길 때 반드시 먼저 태강과 의논했다.

군자가 말했다. "태강은 덕의 가르침을 널리 베풀었다."

태임은 문왕(文王)의 어머니이고, 지임씨(摯任氏)의 둘째 딸이다. 왕계가 장가들어 아내로 맞이했다. 태임은 성품이 단정하고 한 가지 일에만 전념하며, 성실하고 정중했으며, 덕이 있는 행동만 했다. 임신을 해서는 태교를 잘했다. 눈으로 나쁜 색을 보지 않고, 귀로는 음란한 소리를 듣지 않으며, 입으로는 오만한 말을 내뱉지 않았다. 훗날 측간에서 소변을 보다가 문왕을 낳았다. 문왕은 태어나면서부터 총명하고 성스러워, 태임이 하나를 가르치면 열을 알아 마침내 주나라의 시조가 되었다.

군자가 말했다. "태임은 태교에 뛰어났다."

옛날 부인이 아이를 임신하면 모로 눕지 않았고, 가장자리에 앉지 않았으며, 외발로 서지 않았고, 이상한 음식은 먹지 않았다. 반듯하지 않게 썬 음식은 먹지 않았고, 단정하지 않은 자리에는 앉지 않았으며, 눈으로는 나쁜 색깔을 보지 않았고, 귀로는 음란한 소리를 듣지 않았다. 밤에는 악관(樂官)에게 시를 읊게 하거나 바른 이야기를 하게 했다. 이렇게 해서 아이를 낳으면 모습이 반듯하고, 재주와 덕이 분명 보통 사람보다 높아진다.

이 때문에 아이를 임신했을 때 반드시 느끼는 바에 신중해야 한다. 선한 것을 느끼면 아이도 선해지고, 악한 것을 느끼면 아이도 악해진다. 사람은 태어나면서 만물을 닮는다. 모두 그 어머니가 만물에 감화를 받았기 때문이다. 그래서 모습과 소리가 만물을 닮는 것이다. 문왕의 어머니는 사람이 만물에 감화를 받는다는 이치를 깨우쳤다고 할 수 있다.

태사는 무왕(武王)의 어머니로 유신(有莘) 사씨(姒氏)의 딸이다. 어질고 도리에 밝아 문왕은 태사를 좋아했다. 문왕이 위수(渭水)에서 태사를 신부로 직접 맞이해 올 때, 배 여러 대를 이어서 다리를 만들었다. 태사는 시집와서는 시할머니 태강과 시어머니 태임의 마음을 즐겁게 해드렸고, 아침저녁으로 부지런히 애쓰며 며느리의 도리를 다해 문모(文母)로 불렸다.

문왕은 바깥을 다스리고, 문모는 안을 다스렸다. 태사는 아들 열을 낳았다. 장남 백읍(伯邑) 고(考), 차남 무왕(武王) 발(發), 삼남 주공(周公) 단(旦), 그다음으로 관숙(管叔) 선(鮮), 채숙(蔡叔) 도(度), 조숙(曹叔) 진탁(振鐸), 곽숙(霍叔) 무(武), 성숙(成叔) 처(處), 강숙(康叔) 봉(封), 담계(聃季) 재(載)가 그들이다. 태사가 아들 열 명을 가르치는데, 어려서부터 장성할 때까지 일찍이 바르지 않거나 치우치는 일은 하지 않았다. 장성하고 나서는 문왕이 이어서 가르쳤으니, 마침내 무왕과 주공의 덕을 이루게 되었다.

군자가 말했다. "태사는 어질고 현명했으며 덕이 있다."

『시경』에 "큰 나라에 따님 계셨으니 하늘의 아가씨 같으셨네. 길일을 예로 정하고 위수에서 친히 신부 맞으심에 배 이어 다리 놓으시니 그 빛이 매우 밝았네"라고 했고, 또 "태사께서 아름다운 영예를 이으니 많은 아들 낳으시겠네"라고 했다. 모두 이를 이르는 말이다.

송하여 말한다.

주나라 세 어머니는 태강, 태임, 태사이시네.
문왕과 무왕이 천하를 일으킨 것은 이들로부터 시작되었네.
태사가 가장 현명하여 문모라 불렸네.
세 시어머니의 덕은 역시 매우 컸다네.

며느리를 재가시키다

• •

위(衛)나라의 시어머니 정강(定姜)은 위나라 정공(定公)의 부인이자 공자(公子)의 어머니이다. 공자가 장가들고 나서 죽었는데, 그 며느리에게 자식이 없었다. 삼년상을 다 치르고, 정강은 며느리를 재가시키면서 직접 교외까지 나가서 전송했다. 아끼는 정과 애달픈 생각, 비통하고 서러운 마음이 섞여 한참을 서서 멀리 바라보다가 눈물을 흘리며 시를 지어 읊었다.

제비들은 날아올라 앞서거니 뒤서거니
누이 시집가는데 멀리 교외에서 전송하고
바라보아도 보이지 않으니 눈물이 비 오듯 흐르네.

정강은 며느리를 시집보내고 돌아오는 길에 울면서 먼 곳을 바라보다가 또 시를 지어 읊었다.

　　돌아가신 아버님의 생각 기리며 나를 받들더니.

　　군자가 말했다. "정강은 자애로운 시어머니로, 며느리에게 넘치도록 큰 너그러움을 베풀었다."

　　정공이 손림보(孫林父)를 싫어하자 손림보는 진(晉)나라로 도망갔다. 진나라 제후가 극주(郤犫)를 사신으로 보내 손림보를 다시 위나라로 돌려보내기를 청했다. 정공이 거절하려 하자 정강이 말했다.
　　"안 됩니다! 그는 선군을 모신 종경(宗卿)의 후손입니다. 또한 대국인 진나라가 요청하고 있으니, 허락하지 않으면 이 나라는 망합니다. 비록 그게 싫더라도 나라가 망하는 것보다 낫지 않겠습니까? 정공께서는 참으십시오. 백성을 안정시키고 종경을 관대하게 대하는 것이 역시 옳지 않겠습니까?"
　　정공이 마침내 손림보를 위나라로 다시 불러들였다.
　　군자가 말했다. "정강은 환난을 멀리할 수 있었다."
　　『시경』에서 "언행이 어긋나지 않으니 천하가 이를 본받으리"라고 했는데, 바로 이를 가리키는 말이다.

　　정공이 세상을 떠나자 정강은 경사(敬姒)의 아들 간(衎)을 옹립했다.

그가 바로 헌공(獻公)이다. 헌공은 상중에 있으면서도 오만했다. 정강이 곡을 끝내고 나서 헌공이 슬퍼하지 않는 모습을 보고는, 먹지도 마시지도 않은 채 탄식하며 말했다.

"이 사람은 장차 위나라를 망하게 하겠구나. 반드시 어진 사람부터 먼저 해칠 것이니 하늘이 위나라에 재앙을 내리시는구나. 나는 어찌하여 전(鱄)에게 사직을 맡기지 않았던가!"

대부들은 이 말을 듣고 모두 두려워했고, 손문자(孫文子)는 그 후로 중요한 보물은 감히 위나라에 두지 않았다. 전은 헌공의 동생 자선(子鮮)으로, 매우 현명했다. 정강이 전을 옹립하려 했으나 뜻을 이루지 못했다. 그 후 헌공은 학정(虐政)을 일삼았고, 정강을 오만하게 대하고 업신여기다가 결국 쫓겨났다. 도망가다가 국경에 이르러 축종(祝宗)을 조묘(祖廟)로 보내, 자신이 무고하게 쫓겨나게 되었음을 고하게 했다. 정강이 말했다.

"안 된다! 만약 죄가 없는 것처럼 꾸며도 신을 속이지는 못할 것이다. 죄가 있는데 어찌 없다고 고하겠느냐? 헌공은 죄를 지었다. 훌륭한 신하를 버리고 소인배와 모의를 꾸민 것이 첫 번째 죄이다. 선군을 보좌했던 총경(冢卿)을 경멸한 것이 두 번째 죄이다. 내가 선군의 부인이었으나 나에게 포악하게 굴고 마음대로 부렸으니, 이것이 세 번째 죄이다. 쫓겨나는 것은 고해도 그만이지만, 죄가 없다고 고하는 것은 안 된다."

그 후에 헌공은 전의 힘을 빌려 위나라로 다시 돌아왔다.

군자가 말했다. "정강은 바른말로써 가르칠 수 있었다."

『시경』에서 "내 말은 잘 들어야만 할 것이니"라고 한 것은 이를 가리킨다.

정(鄭)나라 황이(皇耳)가 군사를 이끌고 위나라로 침략하니, 손문자가 점을 쳐서 사태를 파악하다가 점괘를 정강에게 올리며 말했다.

"점괘가 숲이 우거진 산 같습니다. 출정(出征)하는 자가 뛰어난 장수를 잃게 되는 징조입니다."

정강이 말했다.

"출정하는 자가 뛰어난 장수를 잃는다면, 우리는 적을 막기에 유리한 상황입니다. 대부께서는 일을 도모하십시오."

위나라 사람들이 그대로 따랐더니 견구(犬丘)에서 황이를 사로잡을 수 있었다.

군자가 말했다. "정강은 사리에 통달했다."

『시경』에 "왼쪽이라면 왼쪽으로, 군자께서 합당하게 하실 것이네"라고 했으니 이를 가리킨다.

송하여 말한다.

위나라 시어머니 정강은 며느리를 시집보내고 시를 지었네.
아끼는 정과 자애로운 마음에 울며 멀리서 바라보았네.
헌공에게 수차례 간언하다가 허물을 얻었지만
총명하고 식견이 원대했으며 문사(文辭)에 뛰어났다네.

제후의 딸을 가르치다

. .

부모(傅母)는 제나라 제후의 딸을 가르친 보모이다. 제나라 제후의 딸은 위나라 장공(莊公)의 부인이 되어 호를 장강(莊姜)이라 했다. 장강은 외모가 아름다웠다. 막 시집을 가서는 품행이 단정하지 않고 게을렀으며 외모를 꾸미는 행동만 하고 방탕한 마음을 품었다.

부모는 장강이 부인의 도리를 바르게 따르지 않는 것을 보고 이렇게 깨우쳐주었다.

"아기씨의 친정은 대대로 존귀하고 영화로우니, 당연히 백성의 모범이 되어야 합니다. 아기씨의 품성은 총명하고 사리에 통달했으니, 당연히 사람들의 표본이 되어야 합니다. 겉모습만 화려하게 꾸미는 데서 벗어나 스스로 수양해 바로잡지 않으면 안 됩니다. 비단옷 입고 덧옷을 걸치고 가마를 화려하게 꾸미는 것은 덕을 귀하게 여기지 않는 태도입니다.”

이에 시를 지어 읊었다.

높으신 님은 훤칠하니 비단옷에 엷은 덧옷 입으셨네.
제나라 제후의 따님이요, 위나라 제후의 아내이며,
태자의 누이시고, 형(邢)나라 제후의 처제시네.
담(譚)나라 임금은 형부가 되신다네.

부모는 정강에게 마음속에 고상한 절조를 세우고, 임금의 자제이자 한 나라 임금의 부인으로서 나쁘거나 치우친 행동을 해서는 안 된다고 독려했다. 장강이 드디어 감동받아 스스로 수양했다. 군자는 부모가 장강이 저지를 실수를 미연에 방지한 일을 칭찬했다.

장강은 태자 득신(得臣)의 누이였는데, 자식이 없어서 대규(戴嬀)의 아들을 자식 삼아 환공(桓公)으로 키웠다. 공자 주우(州吁)는 장공의 총애를 받았던 애첩의 아들이다. 총애를 받은 탓에 교만했고, 전쟁을 일으키기 일쑤였다. 장공은 이를 제지하지 못했다. 이후 주우는 과연 환공을 죽이고 말았다.

『시경』에 “원숭이에게 나무를 기어오르게 했구나”라고 한 것은 이를 가리킨다.

송하여 말한다.

제나라 제후의 딸 장강의 부모는 장강이 저지를 실수를 미연에 방지했네.

역대 선조를 칭송했으니 존귀하고 영화롭지 않은 자가 없었네.

시를 지어 뜻을 밝혀 선조들을 욕되게 하지 않았네.

장강은 환공을 키워내어 마침내 몸을 닦을 수 있었네.

병사를 잘못 다스린 장군을 꾸짖다

∙∙

초(楚)나라 장수 자발(子發)의 어머니 이야기다. 자발이 진나라를 공격하던 중에 군량이 떨어졌다. 자발이 사람을 보내 왕에게 구원을 요청하고, 오는 길에 어머니에게 들러 안부를 묻게 했다. 어머니가 사자(使者)에게 물었다.

"사졸들은 무탈한가?"

사자가 대답했다.

"사졸들은 콩밥을 함께 나누어 먹고 있습니다."

자발의 어머니가 또 물었다.

"장군은 무탈하신가?"

사자가 대답했다.

"장군께서는 아침저녁으로 고기반찬에 좋은 곡식으로 지은 밥을 드십니다."

나중에 자발이 진나라를 무찌르고 돌아오자 어머니는 문을 닫고 집 안에 발을 들이지 못하게 했다. 그리고 사람을 시켜 아들을 꾸짖었다.

"너는 월왕(越王) 구천(句踐)이 오(吳)나라를 쳤던 일을 들어보지 못했느냐? 어떤 객이 도수 높고 맛좋은 술 한 사발을 왕에게 올렸다. 그러자 왕은 사람을 시켜 강의 상류에서 술을 붓게 하고 사졸들에게 하류에서 마시게 했다. 술맛이 더 나지는 않았겠지만, 사졸들은 다섯 배의 힘을 내 싸웠다. 다음 날 어떤 사람이 말린 밥 한 자루를 바치자, 왕은 또 군사들에게 하사해 나누어 먹게 했다. 목구멍으로 넘어갈 단맛도 없었지만, 군사들은 열 배의 힘을 내어 싸웠다.

그런데 지금은 어떠하더냐? 사졸들은 함께 콩밥을 나누어 먹고 있는데, 너는 장군 된 몸으로 혼자 아침저녁으로 고기반찬에 기름진 밥을 먹었으니 어찌 된 일이란 말이냐? 『시경』에 '행락(行樂)을 좋아하지만 지나치지 않도록, 훌륭한 선비는 절도를 지켜야'라고 하지 않았느냐! 이는 사람과의 화합을 잃지 말아야 함을 가리키느니라. 너는 사람들을 사지에 몰아넣으면서, 스스로는 윗자리에서 풍족하고 안락하게 지냈다. 비록 전쟁에서 이겼어도 그것은 사람을 다스리는 방법이 아니었다. 너는 내 자식도 아니니 내 집에 들어오지 마라!"

자발은 결국 어머니께 사죄한 후에야 집에 들어갈 수 있었다.

군자가 말했다. "자발의 어머니는 가르침으로써 아들을 뉘우치게 할 수 있었다."

『시경』에 "자식들을 가르치고 깨우쳐 그처럼 선하게 만들어야지"라고 했으니 이를 가리키는 말이다.

송하여 말한다.

자발의 어머니는 아들의 교만함과 태평함을 꾸짖었네.
장군은 좋은 쌀밥을 먹고 사졸들은 콩밥을 먹었으니
이를 나무라며 예가 없이는 사람의 힘을 얻을 수 없음을 깨우쳐주었네.
군자는 이를 높이 사서 덕성 있는 어머니의 모범에 엮어 넣었네.

자식 교육에 힘쓰다

••

추(鄒)나라 맹가(孟軻)의 어머니는 호를 맹모(孟母)라 했다. 집이 묘지 근처에 있다 보니 어린 맹자도 장의사 놀이를 하며, 곡(哭)을 하거나 무덤을 만드는 장난을 했다. 맹모가 말했다.

"이곳은 내 자식이 살 만한 곳이 아니구나."

이에 그곳을 떠나 시장 근처에서 살았다. 그런데 이번에는 맹자가 상인들이 장사하는 모습을 흉내 내며 놀았다. 맹모가 다시 말했다.

"이곳도 내 자식이 살 만한 곳이 아니구나."

그 후에 서당 근처로 이사를 가서 살았다. 그랬더니 맹자가 제기(祭器)를 올리고 읍(揖)하며 사양하는 동작, 나아가고 물러서는 예절을 따라 하며 놀았다.

맹모가 말했다.

"여기야말로 진정으로 내 자식이 살 만한 곳이구나."

그리하여 두 모자가 그곳에 자리를 잡고 살게 되었다. 맹자는 장성해서 육예(六藝)를 배우고 마침내 대유(大儒)의 명성을 얻었다.

군자가 말했다. "맹모는 점차적으로 감화되어 깨닫게 하는 데 뛰어났다."

『시경』에 "저 어진 사람에게 무엇을 올릴까?"라고 했으니 이를 이르는 말이다.

맹자가 어릴 때, 학문을 배우다가 중간에 집으로 돌아왔다. 맹모는 마침 베를 짜고 있다가 물었다.

"공부는 어디까지 했느냐?"

맹자가 대답했다. "예전과 같습니다."

그러자 맹모는 갑자기 칼을 들어 짜던 베를 잘라버렸다. 맹자가 두려워하며 그 까닭을 여쭈니 맹모가 말했다.

"네가 공부를 그만둔 것은 내가 이 베를 자른 것과 같다. 무릇 군자는 이름을 세우기 위해서 배우고, 지식을 넓히기 위해 묻는 법이다. 이 때문에 평소에는 안정되고 평온하며, 행동할 때는 해로움을 피할 수 있다. 지금 공부를 그만두면 천한 하인이 되는 일을 면할 수 없고, 재앙과 환난을 피할 수도 없다. 이것이 베를 짜서 먹고 사는 것과 무엇이 다르겠느냐? 중도에 그만두어 계속하지 않으면, 어찌 지아비와 자식에게 옷을 해 입히고, 항상 양식이 부족하지 않게 할 수 있겠느냐? 여자가 가족을 먹여 살리는 일을 그만두고, 남자가 덕을 수양하는 일을 게을리하면 어떻게 되겠느냐. 도둑이 되지 않는다면 필시 노예가 되고 말 것이다."

맹자는 두려워하며 아침저녁으로 쉬지 않고 열심히 공부했다. 자사(子思)를 스승으로 섬겨 가르침을 받고는 마침내 천하의 명유(名儒)가 되었다.

군자가 말했다. "맹모는 어머니의 도리를 잘 알았다."

『시경』에 "저 어진 사람에게 무엇을 고할까?"라고 했으니 이를 이르는 말이다.

맹자가 장가를 들고 난 뒤, 어느 날 안방으로 들어갔는데 부인이 웃옷을 벗고 방 안에 앉아 있었다. 맹자가 언짢아하면서 밖으로 나와서는 들어가지 않았다. 부인은 맹모에게 작별 인사를 하고 친정으로 떠나기를 청하면서 말했다.

"제가 듣기로 부부의 도는 사사로운 방 안에서는 따르지 않아도 된다고 했습니다. 지금 저는 제 방에서 몰래 예의를 범했는데, 남편이 저를 보고 갑자기 안색이 변하며 버럭 화를 내니, 이는 저를 손님으로 대하는 자세입니다. 부인의 도리로서 무릇 남의 집에 묵을 수 없습니다. 부모님께 돌아가도록 허락해주십시오."

이에 맹모가 맹자를 불러 말했다.

"무릇 예법에는 문을 들어서면서 누가 있는지 물어야 한다고 했다. 이는 존경하는 뜻을 나타내기 위해서다. 대청에 오르려 할 때는 반드시 소리를 내야 한다고 했다. 이는 다른 사람에게 알리기 위해서다. 방문으로 들어가려 할 때는 시선을 반드시 아래로 내려야 한다고 했다. 다른 사람의 실수를 보게 될까 봐 그러는 것이다. 지금 네가 예를 살피지 않으면서, 도리어 다른 사람에게 예를 따졌으니, 역시 예와 거리가 멀지 않겠느냐?"

맹자가 부인에게 사과하며 떠나지 못하게 만류했다.

군자가 말했다. "맹모는 예를 알고 시어머니의 도리에 밝았다."

맹자가 제(齊)나라에 있는데 얼굴에 근심이 서려 있었다. 맹모가 이를 보고 말했다.

"네 얼굴에 근심이 있는 것 같은데 무슨 일이냐?"

맹자가 말했다. "아무것도 아닙니다."

다음 날 맹자가 하는 일 없이 기둥을 붙들고 탄식했다. 맹모가 이를 보고 물었다.

"지난번에 너에게 근심이 있는 것을 보았는데, 너는 아무것도 아니라고 했다. 그런데 지금 기둥을 붙들고 탄식하고 있으니 무슨 까닭이냐?"

맹자가 대답했다.

"제가 듣기로 군자는 자신의 자질에 맞는 자리에 나아가고, 구차하게 상을 받지 않으며, 영화와 봉록을 탐하지 않는다고 했습니다. 제후가 자신의 견해를 들어주지 않으면 군주에게 나아가 이르지 않고, 들어주었으나 쓰이지 않으면 조정에 발을 딛지 말라고 했습니다. 지금 저의 도가 제나라에 쓰이지 않아 떠나고자 하나 어머님께서 연로하시니, 이 때문에 근심한 것입니다."

맹모가 말했다.

"무릇 부인의 예는 오곡밥 잘 짓고, 술과 장을 담그며, 시부모님 봉양하고, 옷을 바느질하면 되는 것이다. 이 때문에 규방 안의 일만 수행하지, 규방 밖의 일에는 마음을 두지 않는다. 『주역(周易)』에 이르기를 '집 안에서 음식 장만하고, 이루려는 바가 없다'라고 했고, 『시경』에 이르기를 '잘못이나 그른 일 아니하고, 오직 술과 음식 얘기하네'라고 했다. 이는 부인에게는 독단적으로 행할 수 있는 도리가 없고, 삼종(三從)의 도가 있음을 말한 것이다. 어려서는 부모를 따르고, 시집가서는 남편을 따르며, 남편이 죽어서는 자식을 따르는 것이 예이다. 지금 너는 성인이 되었고, 나는 늙었다. 너는 너의 도리를 따라라. 나는 나의 예를 따르겠다."

군자가 말했다. "맹모는 부인의 도리를 알았다."

『시경』에 "얼굴은 온화하고 웃음 띠며 화내는 일 없이 잘 가르치시네"라고 했으니 이를 가리킨다.

송하여 말한다.

맹자의 어머니는 아들을 교화함에 소임을 일일이 다했네.
아들을 위해 거처를 옮겨 육예를 선택하게 하고, 대륜(大倫)을 따르게 했네.
아들이 더 이상 공부하려 하지 않자 베를 끊어 경계해주었네.
아들은 마침내 덕을 이루어, 당대에 으뜸가는 학자가 되었네.

전처가 낳은 자식을 구하다

· ·

위(魏)나라 망씨(芒氏)의 자모(慈母)는 맹양씨(孟陽氏)의 딸이고, 망묘(芒卯)의 후처이다. 자신이 낳은 아들이 세 명 있었고, 전처가 낳은 아들이 다섯 명 있었는데, 의붓아들 모두 자모를 좋아하지 않았다. 자모는 의붓아들들을 매우 각별하게 대했지만 그래도 그들은 자모를 좋아하지 않았다. 그러자 자모는 자신이 낳은 세 아들을 불러 옷이며 음식은 물론, 일상생활을 하고 처신하는 데 있어서도 전처소생과 다르게 대할 것이라고 말해주었다. 전처의 자식들은 그래도 자모를 좋아하지 않았다.

그러던 중 전처의 셋째 아들이 위왕의 법령을 어겨 사형당할 처지에 놓였다. 자모는 근심하고 슬퍼하다가 허리띠가 한 자나 줄었고, 아침저녁으로 부지런히 애쓰며 죄를 구제해주고자 했다. 어떤 사람이 자모에게 말했다.

"전처의 자식들이 당신을 싫어하는데, 무엇 때문에 이토록 부지런히 애쓰고 근심하며 두려워하십니까?"

자모가 말했다.

"만약 친자식이라면, 비록 저를 사랑해주지 않더라도 여전히 그 자식을 재난에서 구하고 해로운 일이 없도록 해주었을 것입니다. 그런데 단지 의붓자식에게만 그렇게 하지 않으면, 보통의 어머니와 무엇이 다르겠습니까? 아이들의 아버지는 어머니를 잃은 아이들을 위해 저를 계모로 맞았습니다. 계모는 친어머니와 같습니다. 어머니 된 자로서 자식을 사랑할 수 없다면 자애롭다 할 수 있겠는지요? 친자식만 아끼고 의붓자식은 싫어한다면 의롭다 할 수 있겠는지요? 자애롭지 않고 의롭지 않으면, 어찌 이 세상에서 처신하며 살아가겠는지요? 저들이 비록 싫어해도, 제가 어찌 의로움을 저버리겠는지요?"

그리하여 나아가 간곡하게 하소연했다. 위나라 안리왕(安釐王)이 이 소문을 듣고 그 의로움을 높이 사서 말했다.

"자모가 그렇게까지 하니 내 어찌 그 아들을 구제해주지 않겠는가?"

이에 그 아들을 사면하고 집안에 내렸던 세금과 부역을 면제해주었다. 이로부터 전처의 다섯 아들은 자모와 사이좋게 지냈고, 한마음으로 화합했다. 자모가 점차 예의로 교화하며 자식들을 이끄니, 모두 위나라 대부(大夫)와 경사(卿士)가 되었고, 저마다 예의로 완성되었다.

군자가 말했다. "자모는 한결같은 마음이었다."

『시경』에서 "뻐꾸기가 뽕나무에 앉았는데 새끼도 일곱 마리. 훌륭한 군자는 언행이 한결같네. 언행이 한결같으니, 마음은 맺어놓은 듯 단단하리"라고 했다. 이는 마음이 한결같음을 말한다. 뻐꾸기는 한결같은 마음으로 일곱 새끼를 키우고, 군자는 한결같은 언행으로 만물을 길러낸다. 한결같은 마음으로 백 명의 군주를 섬길 수 있지만, 백 가지 마음으로는 단 한 명의 군주도 섬길 수 없다고 한 것은 이를 이르는 말이다.

송하여 말한다.

망묘의 처는 다섯 아들의 계모가 되었네.
자애롭고 은혜로우며, 너그러움과 의로움으로 의붓자식들을 키웠네.
비록 자신을 사랑하지 않았지만 친자식처럼 정성스럽게 키웠네.
계모가 이와 같으니 역시 진실로 존경할 만하네.

뇌물을 받은 아들을 꾸짖다

••

제(齊)나라 전직자(田稷子)의 어머니 이야기이다. 전직자가 제나라에서 재상으로 지내면서 아랫사람으로부터 금 백 일(鎰)을 뇌물로 받아 어머니께 드렸다.

어머니가 말했다.

"네가 재상을 지낸 지 3년이 되었는데 일찍이 봉록을 이렇게 많이 받은 적이 없었다. 사대부(士大夫)가 받을 수 있는 금액일 리 있겠느냐? 어디서 난 것이냐?"

전직자가 대답했다.

"사실은 아랫사람에게 받았습니다."

"내가 듣기로 선비는 몸을 닦고 품행을 바르게 해 구차하게 얻지 않고, 진심과 성실함을 다해 속이는 행위를 하지 않는다고 했다. 의로운 일이 아니면 마음에 품지 않고, 도리에 어긋난 이득은 집에 들이지 않으며, 말과 행동이 일치하고, 속마음과 겉모습이 서로 맞아야 한다고 했다.

지금 임금께서 높은 관직으로 너를 대우하고 후한 봉록을 내리셨다. 너는 마땅히 말과 행동으로 임금께 보답해드려야 한다. 무릇 신하가 임금을 섬기는 것은, 자식이 아버지를 섬기는 것과 같다. 역량을 다하고 능력을 발휘하며, 충성과 믿음에 거짓이 없어야 하고, 반드시 온 힘을 다해 충절을 지켜야 한다. 죽을 각오로 명령을 받들고, 청렴결백하고 공정해야 임무를 다하고도 해를 당하지 않는다.

그런데 지금 너는 충성과는 멀어져 있구나. 무릇 신하가 충성하지 않는다면, 자식이 불효하는 것과 같다. 의롭지 않은 재물은 내가 가질 수 없고, 불효하는 자식은 내 자식이 아니다. 썩 나가거라!"

전직자가 부끄러워하며 뇌물을 돌려주고 스스로 선왕(宣王)에게 죄를 고하고 벌 받기를 청했다. 선왕이 이를 듣고 그 어머니의 의로움을 크게 칭찬했다. 또한 전직자의 죄를 사하고 다시 재상의 자리에 앉혔으며, 전직자의 어머니에게는 나라의 재물을 하사했다.

군자가 말했다. "전직자의 어머니는 청렴하고 아들을 교화할 줄 알았다."

『시경』에 "진실한 군자란 하는 일 없이 밥 먹지 않는 법"이라 했다. 공이 없이는 녹을 받지 않거늘 하물며 뇌물을 받겠는가?

송하여 말한다.

전직자의 어머니는 청렴하고 정직했네.

아들이 뇌물을 받은 것을 부덕하다 여겨 꾸짖었네.

충효의 일이란 재주를 발휘하고 능력을 다해야 하는 것.

군자가 녹을 받으면 끝까지 무위도식할 수 없다네.

현명전

賢明傳

슬기롭고 사리에 밝은 여인들

호연지기(浩然之氣)를 품고 천하를 꿰뚫어본 여인들

유향은 말한다. "그러므로 현명한 자가 성공할 수 있는 길은 많다. 특별히 스승이나 벗만 서로 갈고닦도록 도와주는 것이 아니라 배필도 큰 도움을 줄 수 있다."

임금이든, 대부든, 가난한 선비든, 초야에 숨어 사는 은자(隱者)든, 그들 곁에는 그들보다 더 뛰어난 안목으로 세상을 통찰하고 조언을 해준 아내들이 있었다. 인재를 꿰뚫어보는 왕비의 말 한마디에 나라의 운명이 바뀌기도 했고, 신랄하고 뼈아픈 아내의 비판은 오만했던 남편을 변하게 했다. 혹은 진퇴(進退)의 갈림길에서 과감하게 행동해 남편을 위기에서 구해낸 아내도 있었다.

제강은 진나라로부터 도망쳐 온 문공을 되돌려 보내기 위해 그 부하들과 모의한다. 곧 진나라의 난이 평정이 되어 치세(治世)로 들어서면, 진나라를 다스릴 사람은 문공뿐임을 알았기 때문이다. 제강은 우연히 모의를 엿들은 아낙을 죽이고, 가지 않겠다고 버티는 문공을 술에 취하게 해서 수레에 태워 보낸다. 실로 놀라운 결단력과 거대한 포부, 시세(時勢)를 읽는 통찰력을 지닌 여인이다.

심지어 번희는 장왕 앞에서도 왕에게 사람 보는 안목이 없음을 비웃는다. 자칫 임금을 모욕했다는 죄를 얻을 수도 있는 상황이었다. 하지만 번희는 당황하지 않고 장왕이 총애하는 우구자의 불충(不忠)을 정확하게 지적한다. 그 후 장왕은 손숙오라는 어진 재상을 만났고, 초나라는 결국 3년 만에 천하의 패권을 쥐었다. 번희의 간언이 초나라의 운명을 바꾼 것이다.

재상 안자가 부리던 마부의 아내는 어느 날 남편이 마부 일을 하면서 거들먹거리는 모습을 보고 책망했다. 마부 일이 천해서가 아니다. 재상의 화려한 수레를 몰게 되어 의기양양해하는 남편의 모습에 실망해서다. 이로부터 마부는 도리를 깨우쳤고, 안자는 자신의 잘못을 인정하고 마음을 바꾼 마부의 성정(性情)을 높게 사서 대부(大夫)의 자리에 오르게 했다.

한편 강철 같은 마음으로 의리를 지켜낸 여인들도 있었다. 조희는 진나라 문공의 딸이다. 남편 조최가 문공을 따라 오랑캐 땅으로 도망갔을 때, 오랑캐 여인을 아내로 얻은 적이 있었다. 조최는 머뭇거리면서 결정을 내리지 못했지만, 조희가 오히려 적극적으로 오랑캐 여인을 데리고 오자고 제안했다. 조희는 오랑캐 여인을 데려와 정실부인으로 삼고, 자신은 첩의 지위로 내려갔다. 의리 앞에서 칼날 같은 결단력을 보여준 예이다.

그런가 하면 남편이 다른 아내를 얻어도 의리를 지키며 시부모를 봉양하거나, 남편의 탐욕과 부정을 보고 집을 떠났다가 시댁이 망한 뒤 다시 돌아와 시어머니를 극진하게 모셨다는 이야기도 있다. 여성의 일방적인 희생이 강조되었던 이야기를 칭송할 가치가 있는지는 논쟁의 여지가 있다. 하지만 이들은 남편보다 더 현명했고, 한 번 맺은 부부의 연에 대한 의리가 무엇인지 보여주었다.

세상의 그 어떤 스승이나 벗이 이처럼 의리를 지키고, 가슴속에 숨어 있는 포부를 격발시키며, 결단력 있는 행동을 할 수 있도록 도와줄 것인가. 선비보다 더 대쪽같이 의리를 지키고, 대장부처럼 호연한 기상을 품었던 여인들의 삶은 여전히 치열하게 살아 숨 쉬고 있다.

지기(知己), 남편의 시호(諡號)를 지어주는 아내

노나라의 대부 유하혜가 조정에서 세 번이나 쫓겨나고도 노나라를 떠나지 않고 낮은 관직에 만족해하며 사는 모습을 본 아내는 이렇게 말했다. "군자에게는 부끄러워해야 할 일 두 가지가 있습니다. 나라에 도가 없는데도 귀한 자리에 있는 것이 첫 번째요, 나라에 도가 있는데도 비천하게 사는 것이 두 번째입니다." 그러나 유하혜는 아내의 조언을 듣고도 자신만의 길을 간다. 노나라를 떠나지도 않았고, 평생 노나라 백성을 걱정하며 살다가 죽었다. 아내는 그런 남편의 선택을 존중했다. 유하혜가 죽고 문하생들이 뇌문(誄文)을 쓰려고 하자 유하혜의 아내는 직접 뇌문을 쓰고, '혜(惠)'라는 글자로 남편의 시호를 정한다. 평생 백성만 아끼면서 살아온 유하혜의 일생을 가장 잘 아는 사람이 선택한 최상의 글자였다.

검루의 아내도 그러했다. 검루는 생전에 허기를 제대로 채워본 적이 없었고, 구멍 난 누더기 옷을 걸치고 다닐 정도로 가난하게 살았다. 심지어 죽어서 시신을 온전하게 덮을 수 있는 이불조차 없었다. 조문을 온 증자가 이를 보고 놀라서 이불을 비스듬하게 돌려 시신의 얼굴과 발을 모두 덮자고 했다. 하지만 검루의 아내는 거절했다. 생전에 늘 반듯하게 행동하는 사람이었으니, 이불을 비스듬히 놓으면 그 뜻을 거스른다는 이유에서였다. 과연 그 남편에 그 아내다.

검루의 아내는 증자에게 남편의 시호를 '강(康)'으로 짓자고 제안한다. 평생 좋은 것을 누려보지도 못한 인생인데, 아내는 오히려 편안하고 즐거웠다고 해석한다. 검루는 세상의 담백한 맛을 달게 여기고, 천하의 낮은 지위를 오히려 편안하게 생각하는 사람이었다. 그의 아내는 남편이 추구했던 이상을 이해하고, 함께 실현하며 살았던 유일한 동반자였다. 슬픔 속에서도 행복의 의미를 찾아내는 여인이었다.

가난을 즐겁게 여길 수 있는 사람이 몇이나 될까? 가난하게 살다 죽은 남편의 삶을 자랑스럽게 여기는 아내는 얼마나 될까? 그래서 유향은 "저 아름다운 여인이여, 더불어 이야기 나누고 싶네"라는 『시경』의 구절로 검루의 아내를 칭송한다. 안빈낙도(安貧樂道)를 깨닫고 내면의 넉넉함을 말할 수 있는 여인과의 대화는 지금의 우리에게 얼마나 많은 위안을 줄 것인가.

난세에는 반드시 수레바퀴의 흔적을 피해 도망가라

어떤 사람이 은호에게 물었다. "어찌하여 벼슬자리에 나아가려 할 때에는 꿈에서 관(棺)을 보고, 재산을 얻을 때에는 꿈에서 똥오줌을 보게 되는 겁니까?" 은호가 대답했다. "벼슬자리는 원래 썩은 것입니다. 그래서 관직을 얻을 때, 관이나 시체 꿈을 꿉니다. 재산은 원래 똥 섞인 흙과 같습니다. 그래서 돈이 들어올 때 오물 꿈을 꾸는 것입니다."(『세설신어世說新語』「문학文學」)

사람이라면 돈과 권력을 마다할 리 없다. 하지만 지킬 것이 많아질수록 불안하고 불행해지는 법. 일찍이 초나라의 은자 접여는 이러한 이치를 알고 있었다. 접여는 당시 사회에 불만을 품고 미치광이 행세를 해서 '초광접여(楚狂接輿)'로 불렸다. 그의 아내 역시 가난하지만 지조를 버리지 않고 사는 삶에 만족할 줄 아는 여인이었다.

어느 날 우연히 공자 옆을 스쳐 가면서 접여는 이렇게 노래했다. "봉(鳳)아, 봉아! 어찌하여 덕이 쇠했느냐? 지나간 것은 탓하지 말고, 앞으로 올 것을 좇아라. 그만둬라, 그만둬라. 지금 같은 세상에 정치를 하는 것은 위험한 일이니."(『논어論語』「미자微子」) 공자가 수레에서 내려와 붙들려 했지만 접여는 홀연히 사라졌다. 정치에 나섰다가 권력을 얻은 그 자리가 바로 인생의 무덤이 될 수 있음을 예고한 말이었다.

초나라 왕은 접여를 자기 사람으로 만들고 싶어 후한 예물을 보냈다. 하지만 접여는 말 한마디 나누지 않고 사자를 돌려보냈다. 저자에서 돌아온 아내는 집 앞에 수레바퀴 자국이 선명한 것을 보고는 위기감을 느낀다. 임금의 명을 어겼기 때문에 조만간 재난이 닥칠 것임을 예감하고는, 바로 짐을 싸서 떠나자고 한다. 남편은 솥과 시루를 지고, 아내는 베틀을 이고 몰래 도망을 가는 모습을 상상해보라. 그 순간 그들은 너무도 행복했으리라.

노래자의 아내는 남편보다 더욱 적극적으로 돈과 권력의 유혹을 거절했다. 초나라 왕이 직접 노래자를 찾아와 정치를 맡아달라고 부탁하자, 노래자는 왕의 제안을 받아들였다. 그러자 노래자의 아내는 남편에게 크게 실망하며 그 자리에서 집을 떠난다. 남의 술과 고기를 먹고, 남이 주는 관직과 녹봉을 받는 순간, 그 사람의 노예가 된다는 사실을 잘 알았기 때문이다. 짐승의 털을 모아 옷을 만들어 입고 땅에 떨어진 곡식을 주워서 밥을 해먹을지언정 다른 사람에게 얽매이고 싶지 않다는 그 아내의 영혼은 너무도 강직하고 자유로우며 아름답다.

결국 노래자도 아내를 따라 살던 곳을 떠나 임금의 수레가 찾아올 수 없는 곳에서 작은 부락을 이루며 살아간다. 노래자의 아내는 난세를 피해 살아가는 법을 알았고, 안빈낙도를 진심으로 누릴 줄 알았다. 그 마음을 잘 아는 어느 은자는 초라한 오막살이집에 사는 소박한 삶을 즐기며 이렇게 노래했다. "오막살이집일망정 다리 뻗고 살겠네. 샘물이 넘쳐흐르고 있으니 배고픔은 면할 수 있는 것."(『시경』「진풍陳風」 '형문衡門')

남편을 왕으로 만들다

· ·

　제강(齊姜)은 제(齊)나라 환공(桓公)의 종실(宗室) 딸이고, 진(晉)나라 문공(文公)의 부인이다. 처음에 문공의 부친 헌공(獻公)이 여희(驪姬)를 빈(嬪)으로 맞아들였는데, 여희가 모함을 해 태자 신생(申生)을 죽게 했다. 문공은 공자 중이(重耳)로 불렸는데, 숙부 호언(狐偃)과 함께 북방 오랑캐 땅으로 도망갔다. 제나라에 이르자, 제나라 환공이 종실의 딸을 아내로 맞게 하고, 그에게 매우 잘해주었다. 말도 80마리나 하사했다. 중이는 제나라에서 살다가 죽겠다고 다짐하며 말했다.

　"인생은 안락하면 그만이다. 그 밖의 다른 일이야 누가 알겠는가?"

　호언은 중이가 제나라에 안주하려는 것을 알았다. 진나라로 데리고 가고 싶었으나 가지 않으려 할까 봐 걱정하며 뽕나무 밭에서 수행하는 사람들과 모의를 했다. 누에를 치는 아낙이 거기에 있다가 그 말을 엿들고는 제강에게 알렸는데, 제강은 아낙을 죽이고 공자 중이에게 말했다.

"수행하는 사람들이 공자를 데리고 가려고 합니다. 이를 엿들은 사람은 제가 이미 죽였습니다. 공자께서는 반드시 그들을 따라가십시오. 딴생각은 하지도 마십시오. 딴생각을 하면 천명을 이룰 수 없습니다. 공자께서 진나라를 떠난 뒤부터 진나라는 한 해도 평안한 적이 없었습니다. 하늘이 진나라를 망하게 하지 않을 것이라면, 진나라를 보전할 수 있는 자가 공자가 아니면 누구란 말입니까? 공자께서 당연히 그 일에 힘쓰셔야 합니다. 상제께서 공자를 내려다보고 있습니다. 지체하며 딴마음을 품는다면 반드시 재앙이 미칠 것입니다."

중이가 말했다. "나는 가지 않겠소. 꼭 여기에서 살다가 죽겠소."

제강이 말했다. "안 됩니다. 『시경』에 '길 떠난 자는 급히 말 몰면서도 언제나 사명을 이루지 못할까 봐 걱정하네'라고 했습니다. 아침부터 밤까지 달려가면서도 도리어 뜻을 이루지 못할 것을 걱정하는데, 하물며 편안하게 안주하려고 하면 어찌 뜻을 이루겠는지요? 진나라의 혼란함은 오래가지 않을 것입니다. 공자께서는 반드시 진나라를 보전하십시오."

중이가 말을 듣지 않자, 제강은 호언과 모의해 중이를 취하게 해서 수레에 태워 보냈다. 중이가 술에서 깨어나서는 호언에게 창을 들이대며 말했다.

"만약 일이 성공하면 그냥 넘어가겠지만, 성공하지 못하면 숙부의 살을 뜯어먹어도 만족하지 못할 것입니다."

마침내 길을 떠나 조(曹)나라, 송(宋)나라, 정(鄭)나라, 초(楚)나라를 거처 진(秦)나라로 들어갔다. 진나라 목공(穆公)은 군대를 보내 중이가 진(晉)나라로 들어갈 수 있게 해주었다. 진나라 사람들은 회공(懷公)을 죽이고 공자 중이를 옹립했다. 이 사람이 바로 문공이다. 제강을 맞아들여 부인으로 삼고, 끝내 천하를 차지해 제후들의 맹주(盟主)가 되었다.

군자가 말했다. "제강은 청렴했고, 경솔하지 않았으며, 어진 마음으로 군자를 이끌 수 있었다."

『시경』에서 "아름답고 어진 아가씨와 짝지어 애기하고 싶네"라고 한 것은 이를 가리킨다.

송하여 말한다.

제강은 공평하고 바르며, 언행에 태만하지 않았네.
진나라 문공을 힘써 독려해 진나라로 돌아가게 하는 데 주저하지 않았네.
공자가 듣지 않자 제강은 호언과 모의해
그를 취하게 해서 수레에 태웠으니 마침내 패업을 이루었네.

인재를 알아보지 못함을 비웃다

••

번희(樊姬)는 초나라 장왕(莊王)의 부인이다. 장왕이 즉위하고 나서 사냥하기를 좋아했는데, 번희가 간언했지만 그만두지 않았다. 결국 번희가 짐승 고기를 먹지 않자 왕이 잘못을 고치고 정사에 힘썼다. 왕이 일찍이 정무를 보다가 늦게 돌아오니, 번희가 궁에서 내려와 맞이하며 말했다.

"어째서 이리 늦습니까? 시장하거나 피곤하지 않으십니까?"

"현명한 자와 이야기를 나누다 보니 배고프고 피곤한 줄 몰랐소."

"왕께서 말씀하신 현명한 자란 누구입니까?"

"우구자(虞丘子)요."

그 말을 들은 번희가 입을 가리고 웃자 왕이 물었다.

"그대가 웃는 것은 무엇 때문이오?"

"우구자는 현명하기는 하지만 충성스럽지 않습니다."

"무엇을 뜻하는 말이오?"

"제가 부인이 되어 왕을 모신 지 11년이 되었는데, 그간 정(鄭)나라, 위(衛)나라에 사람을 보내 미인을 구해서 왕께 바쳤습니다. 지금 저보다 더 어진 자는 2명이고, 저와 비슷한 자는 7명입니다. 제가 어찌 왕의 총애를 독차지하고 싶지 않겠습니까? 그러나 제가 듣기로 안채에 여러 여인을 두는 것은 사람의 능력을 살피기 위해서라고 했습니다. 제가 사사로운 욕심으로 공정한 도리를 덮을 수는 없고, 왕께서 많이 살펴보시어 사람의 능력을 알아보기를 바랐을 뿐입니다.

그런데 지금 우구자가 초나라에서 재상으로 지낸 지 10여 년이 되는 동안 천거한 자는 자제가 아니면 친족 형제였습니다. 현명한 사람을 천거하고 어리석은 사람을 물리쳤다는 이야기를 들어본 적이 없습니다. 이것은 임금의 눈을 가리고 현명한 자의 앞길을 막는 행동입니다. 현명한 자를 알고도 천거하지 않는다면 불충이고, 현명한 자를 미처 알아보지 못했다면 지혜롭다고 말할 수 없을 것입니다. 제가 웃은 이유가 타당하지 않습니까?"

왕이 이 말을 듣고 기뻐했다. 다음 날 왕이 번희의 말을 우구자에게 전하자, 우구자는 자리에서 일어나며 어찌 대답해야 할지 모르다가 집으로 돌아가 숨었다. 그런 뒤 사람을 보내 손숙오(孫叔敖)를 맞이해서 왕에게 천거했다. 왕은 손숙오를 영윤(令尹)으로 삼았다. 이로부터 초나라를 다스린 지 3년 만에 장왕은 천하의 패권을 쥐게 되었다.

초나라 사서(史書)에 "장왕이 패업을 이룬 것은 번희의 힘이다"라고 쓰여 있다.

『시경』에 "대부들은 일찍 물러나 어진 이를 힘들게 하지 않았네"라고 했으니, 여기에서 어진 이는 왕후를 일컫는다. 또 "아침저녁으로 따뜻하게 공경하고, 일을 함에 신중했네"라고 한 것은 이 일을 가리킨다.

송하여 말한다.

번희는 겸손하며 사양했고, 시기와 질투를 하지 않았네.
미인을 천거해 자신과 함께 처했네.
우구자가 현명한 자의 길을 막는 것을 비난하고 책망했네.
초나라 장왕이 이를 받아들였더니 마침내 천하의 패권을 쥐었네.

칠거지악을 범하지 않고 의리를 지키다

••

　여종(女宗)은 송(宋)나라 포소(鮑蘇)의 아내로, 성심을 다해 시부모를 봉양했다. 포소가 위(衛)나라에서 벼슬을 지낸 지 3년 만에 다른 아내를 얻었지만 여종은 시부모를 더욱 극진하게 모셨다. 왕래하는 사람을 통해 남편의 안부를 물었더니 남편이 새로 얻은 아내에게 후한 재물을 주며 잘해준다고 했다.

　여종의 동서가 말했다. "이제는 떠나도 되겠군요."

　여종이 말했다. "어째서 그러시는지요?"

　"남편에게 이미 좋아하는 사람이 생겼는데, 무엇 때문에 남아 있습니까?"

　"부인은 한 번 결혼하면 재가하지 않습니다. 남편이 죽어도 재가하지 않는 법입니다. 삼과 모시풀로 실을 내고, 생사와 누에고치로 실을 자아, 베 짜고 술을 만들어 옷을 지어 올리는 것으로 남편을 섬기고, 술을 맑게 걸러내고 음식을 올리는 것으로 시부모를 모십니다.

오로지 한마음을 갖는 것을 정(貞)이라 하고, 잘 따르는 것을 순(順)이라 합니다. 정순(貞順)은 부인의 가장 고상한 품행인데, 어찌 남편의 사랑을 독차지하는 것을 좋다고 하겠는지요? 만약 방종한 뜻을 마음에 품고 남편의 사랑을 차지하려 한다면 어떻겠습니까. 저는 그것이 좋은지는 잘 모르겠습니다. 무릇 예에 따르면 천자(天子)는 12명, 제후(諸侯)는 9명, 경대부(卿大夫)는 3명, 사(士)는 2명의 아내를 얻을 수 있습니다. 지금 제 남편이 사(士)의 신분이니 두 명의 아내가 있는 것도 합당하지 않겠습니까?

또 부인에게는 쫓겨날 이유 일곱 가지가 있습니다. 그중에서 하나라도 범한다면 쫓겨나지 않을 도리가 없습니다. 쫓겨날 이유 일곱 가지 가운데 질투가 가장 으뜸입니다. 음란하거나, 도둑질하거나, 말이 많거나, 교만하거나, 자식을 낳지 못하거나, 나쁜 병에 걸리는 것 모두 질투보다 뒤에 있습니다. 동서께서는 제게 규방의 예절을 가르치지 않고 오히려 쫓겨날 행위를 하도록 부추기니 어찌 그 말을 듣겠습니까?"

여종은 동서의 말을 듣지 않고 더욱 성실하게 시부모를 모셨다.

송나라 왕이 이를 듣고 마을 여문(閭門)에 표창하고 '여종'이라는 칭호를 내렸다.

군자가 말했다. "여종은 겸손하고 예를 알았다."

『시경』에 "훌륭한 거동에 훌륭한 모습, 조심하고 공경하네. 옛 교훈 본받고 예절바른 모습에 힘쓰네"라고 한 것은 이를 가리킨다.

송하여 말한다.

송나라 포소의 아내 여종은 예를 잘 지키고 도리를 알았네.

남편에게 다른 아내가 생겼어도 자신은 변하지 않았네.

부인의 도리를 인용해 증명하면서 동서의 말을 듣지 않았네.

송나라 왕이 여종을 현명하다고 여겨 마을에 표창했네.

정실부인 자리를 양보하다

··

진(晉)나라 조최(趙衰)의 아내는 진나라 문공(文公)의 딸로 호를 조희(趙姬)라고 했다. 처음 문공이 공자였을 때, 조최와 함께 북방 오랑캐 땅으로 도망을 갔다. 오랑캐 땅의 어떤 사람이 숙외(叔隗)와 계외(季隗)라는 두 딸을 공자에게 보내 아내로 삼게 했는데, 공자는 두 사람 중 숙외를 조최의 아내로 삼게 했다. 조최는 아들 순(盾)을 낳았다.

두 사람이 진나라로 돌아오자 문공은 딸 조희를 조최에게 시집보냈다. 두 사람 사이에서 원동(原同), 병괄(屛括), 누영(樓嬰)이 태어났다. 조희가 조최에게 순과 그의 어머니를 진나라로 맞아들이자고 청했으나, 조최가 거절하며 감히 따르지 못했다.

조희가 말했다.

"안 됩니다. 무릇 새로운 사랑을 얻었다고 옛정을 잊으면 의를 버리는 것이고, 새 사람을 좋아해 옛 사람을 경시하면 은혜를 저버리는 것이며, 곤궁하고 어려운 상황에서 함께 애쓴 사람을 부귀해진 뒤 돌아보지 않으면 예가 아닙니다. 낭군께서 이 세 가지를 버리면 어찌 다른 사람을 부릴 수 있겠습니까? 비록 저라 할지라도 낭군을 모시지 않을 것입니다.

『시경』에 '순무와 무 뽑는 건 뿌리 때문만은 아니라네. 옛 언약 잊지 않고 그대와 죽을 때까지 함께하리'라고 하지 않았습니까? 춥고 고달픈 생활을 함께했다면, 비록 그 사람에게 작은 잘못이 있다 해도, 죽을 때까지 함께하며 떠나지 않아야 합니다. 하물며 새 사람을 좋아해 옛 사람을 잊다니요? 또 '신혼의 단꿈에 빠져 나를 거들떠보지도 않네'라고 한 것은 이러한 상황에 상처 받는 것을 이릅니다. 그러니 낭군께서는 그들을 맞아들이십시오. 새 사람 때문에 옛 사람을 버리지는 마십시오."

조최가 조희의 말을 받아들여 숙외와 아들 순을 맞아들였다. 그들이 오자 조희는 순이 현명하다고 여겨 적자(嫡子)로 삼을 것을 간청했고, 그의 아들 세 명을 조순의 아래에 두게 했다. 또한 숙외를 정실부인으로 삼고 자신은 스스로 그 아래에 처했다.

이후 조순이 정경(正卿)이 되자, 조희가 자신과 그 어머니에게 양보하고 은혜를 베풀어준 일을 생각해 조희의 둘째 아들 병괄을 공족대부(公族大夫)로 삼아주기를 청하면서 말했다.

"조희께서 아끼시는 아들입니다. 조희가 아니었다면 오랑캐 사람인 제가 어떻게 여기까지 이를 수 있었겠습니까?"

성공이 이를 허락해 병괄은 마침내 공족을 통솔하는 공족대부가 되었다.

군자가 말했다. "조희는 공손하고 양보할 줄 알았다."

『시경』에 "온순하고 공손한 사람은 덕행의 근본일세"라고 했으니, 이는 조희를 가리킨다.

송하여 말한다.

조최의 아내 조희는 상하(上下)와 장유(長幼)의 법도가 분명했네.
비록 존귀한 신분에 있었어도 측실을 질투하지 않았네.
몸소 숙외를 섬기고, 그의 아들 순을 후계자로 삼았네.
군자가 이를 칭송하니 그 덕행은 매우 잘 갖추어졌네.

남편의 탐욕과 무능력을 비판하다

..

도읍(陶邑)의 대부(大夫) 답자(荅子)의 아내 이야기다. 답자가 도읍을 다스린 지 3년이 지나도 명성이 그리 높지 않았는데, 집안의 재산은 세 배로 불어났다. 아내가 여러 번 간언했지만 소용이 없었다.

5년이 되어 답자는 수레 백 승(乘)을 끌고 휴가를 내 고향으로 돌아왔다. 일가친척은 소를 잡아 축하해주었지만 아내만은 아이를 안고 울고 있었다.

시어머니가 화를 내며 말했다.

"어찌 이리 상서롭지 못하게 우는 게냐?"

답자의 아내가 말했다.

"남편에게 능력이 없는데도 관직이 높으니 화가 닥칠 것입니다. 공이 없는데도 집안이 번창하니 재앙이 쌓일 것입니다. 옛날 초나라 영윤

자문(子文)이 나라를 다스릴 때, 집안은 가난해도 나라는 부유했습니다. 임금이 공경하고 백성이 받들어 복이 자손까지 이어지고 명성은 후세에 남았습니다. 그런데 지금 남편은 그렇지 않습니다. 부유함을 탐하고, 높은 벼슬을 얻으려 애쓰며, 이후에 일어날 재난은 돌아보지도 않습니다.

저는 이런 말을 들었습니다. 남산에 사는 검은 표범은 안개 끼고 비오는 날이 이레간 이어지면 먹이를 찾으러 산에서 내려오지 않는다고 합니다. 왜 그런지 아십니까? 털에 윤기가 나야 아름다운 무늬가 만들어지기 때문에 숨어서 재난을 피하는 것입니다. 개나 돼지는 가리지 않고 먹어서 몸을 살찌우니 앉아서 죽기를 기다리는 수밖에요.

지금 남편이 도읍을 다스리는데, 집안은 부유한데 나라는 가난하고, 임금은 공경하지 않고 백성은 받들지 않습니다. 패망의 징조가 이미 드러난 셈입니다. 아이와 함께 떠날 수 있게 해주십시오.”

시어머니는 화를 내며 끝내 며느리를 쫓아냈다.

1년이 되어 답자의 집안은 정말로 횡령죄로 처벌을 받게 되었다. 그의 어머니만 연로하다는 이유로 죄를 면제받았다. 답자의 아내는 아이를 데리고 돌아와 시어머니를 봉양하며 그가 천수를 누릴 수 있게 했다.

군자가 말했다. “답자의 아내는 의로움으로 이득을 바꿀 수 있었다. 비록 예를 어기고 떠나기를 청했지만, 끝내 몸을 온전히 함으로써 예를 다했으니 원대한 식견을 지녔다고 할 수 있다.”

『시경』에 “여러분의 생각이 내 생각에 미치니 못하니”라고 했으니, 이를 가리킨다.

송하여 말한다.

답자가 도읍을 다스리는데 집안의 재산이 세 배가 되었네.

간언했지만 듣지 않자 아내는 남편이 바뀌지 않을 것을 알았네.

홀로 우니 시어머니는 화를 내며 며느리를 친정으로 돌려보냈네.

답자가 화를 당하자, 다시 돌아와 시어머니를 봉양했네.

죽은 남편을 위해 뇌문을 쓰다

· ·

노(魯)나라 대부 유하혜(柳下惠)의 아내 이야기다. 유하혜는 노나라에서 벼슬을 지내면서 세 번이나 쫓겨났는데도 나라를 떠나지 않았다. 그럴수록 백성을 걱정하고 나라의 어려움을 구하고자 했다.

아내가 말했다. "스스로를 모욕하는 것 아닙니까? 군자에게는 부끄러워해야 할 일 두 가지가 있습니다. 나라에 도가 없는데도 귀하게 있는 것이 첫 번째요, 나라에 도가 있는데도 비천하게 있는 것이 두 번째입니다. 지금 천하가 어지러운 탓에 세 번이나 쫓겨나고도 떠나지 않으시니 이 역시 부끄러워해야 할 일에 가깝습니다."

유하혜가 말했다. "수많은 백성이 재난에 빠지려 하는데, 내가 그만둘 수 있겠소? 또한 저들은 저들이고 나는 나요. 비록 저들이 추악해진다고 해도 어찌 나까지 더러워질 수 있겠소?" 그러고는 태연한 모습으로 다른 사람들과 더불어 지내며 낮은 관직에서 일했다.

유하혜가 죽고 나서 문하생들이 스승을 위해 뇌문(誄文)을 지으려 하자 아내가 말했다. "남편의 덕을 기리는 뇌문을 쓰려고 하십니까? 그렇다면 당신들보다 제가 더 잘 압니다."

그러면서 직접 뇌문을 지었다. "선생은 공덕을 자랑하지 않았고, 덕은 다함이 없었네. 진실로 성실했고, 다른 사람에게 해를 끼치지 않았네. 온화하게 굽히고 세속을 따르며 억지로 감찰하지 않았네. 치욕을 받고도 백성을 구했으니 덕은 더욱 크도다. 비록 세 번 쫓겨났지만 끝내 그 덕은 가릴 수 없었네. 온화한 군자는 영원히 품행을 닦을 수 있게 되었네. 아아! 애석하다! 이에 세상을 떠나셨네. 오래 살기를 바랐지만, 지금 끝내 가셨구나. 아아! 슬프다! 혼이 떠나갔네. 선생의 시호(諡號)는 응당 혜(惠) 자로 써야 하리."

문하생들이 이를 따라 뇌문으로 썼는데, 한 글자도 고치지 못했다.

군자가 말했다. "유하혜의 아내는 그 남편을 빛나게 했다."

『시경』에 "사람들은 하나만 알고, 그 밖의 일은 모른다네"라고 한 것은 이를 가리킨다.

송하여 말한다.

유하혜의 아내는 현명하면서 문재(文才)가 있었네.

유하혜가 이미 죽어서도 문하생들은 스승을 꼭 기억하고자 했네.

유하혜를 위해 뇌문을 지으려 했지만, 아내가 그를 위해 지었네.

그의 문덕(文德)을 하나하나 다 밝히니 문장을 바꿀 수가 없었네.

가난을 기꺼이 감내하다

· ·

노(魯)나라 검루(黔婁) 선생의 아내 이야기다. 선생이 돌아가시자 증자(曾子)가 문하생들과 함께 조문하러 갔다. 선생의 아내가 문에서 나오자 증자가 조문을 했다. 증자가 대청에 올라 창문 아래에 뉘여진 선생의 시신을 보니, 기왓장을 베개 삼고, 짚으로 자리를 깔았으며, 한 벌을 채 이루지 못하는 허름한 솜옷을 입혀놓았다. 그 위에 삼베 이불을 덮어놓았는데, 머리와 발을 한꺼번에 감쌀 수 없었다. 머리를 덮으면 발이 나오고, 발을 덮으면 머리가 나왔다.

증자가 말했다.

"이불을 비스듬히 돌리면 다 감쌀 수 있겠습니다."

아내가 말했다.

"비스듬히 돌리면 감싸고도 남겠지만, 차라리 반듯하게 해서 부족한 게 낫습니다. 선생께서는 생전에 반듯하지 않은 일을 행한 적이 없으셨기에 이렇게 해야 합니다. 생전에 반듯하지 않은 적이 없었는데, 돌아가신 뒤에 이불을 비스듬히 덮어드리는 것은 선생의 뜻과 맞지 않습니다."

증자는 아무런 대꾸도 할 수 없었다. 그러고는 곡하며 말했다.

"아아! 선생께서 정말 돌아가셨구나! 시호는 어떻게 해야 할까요?"

아내가 말했다. "강(康)을 시호로 삼으십시오."

증자가 물었다. "선생께서 살아계실 때, 허기를 채우지도 못하게 드셨고, 몸을 다 가리지 못할 정도로 해진 옷을 입으셨습니다. 돌아가시고는 손발을 다 감싸드리지도 못하고, 옆에는 술과 고기도 없습니다. 살아 있을 때 좋은 것 못 누리고, 돌아가셔서도 영예를 못 얻었는데, 어찌 여기에 즐거움이 있겠습니까? 그러니 어찌 강을 시호로 삼겠습니까?"

"옛날 선생이 살아계실 때, 일찍이 임금께서 선생에게 정사를 맡겨 나라의 재상으로 삼으려고 했으나 거절하셨습니다. 이 일만으로도 충분히 고귀했습니다. 임금께서 일찍이 곡식 30종(種)을 하사했으나 선생은 거절하고 받지 않으셨습니다. 이것만으로도 충분히 부유했습니다. 선생은 천하의 담백한 맛을 달게 여기고, 천하의 낮은 지위에 만족하셨습니다. 빈천함을 근심하지 않고 부귀함을 기뻐하지 않으셨습니다. 인(仁)을 구하여 인을 얻고 의(義)를 구하여 의를 얻으셨습니다. 그러니 시호를 강으로 하는 것이 역시 맞지 않겠습니까?"

증자가 감탄했다. "그 사람에 그 부인이구나."

군자가 말했다. "검루의 아내는 가난에 만족하고 도리를 따랐다."

『시경』에 "저 아름다운 여인이여, 더불어 얘기 나누고 싶네"라고 한
것은 이를 가리킨다.

송하여 말한다.

검루가 죽고, 아내는 홀로 상을 치렀네.
증자가 아내를 조문하러 왔더니, 삼베옷에 거친 베 이불을 덮어놓았네.

검루는 빈천함에 만족하고 담백함을 달게 여기며 풍족함을 추구하지 않았네.

시신을 다 감싸지도 못했지만, 오히려 시호를 강이라 했네.

마부를 대부의 자리에 올리다

• •

제(齊)나라 재상 안자(晏子)가 부리던 마부의 아내는 호를 명부(命婦)라 했다. 어느 날 안자가 외출을 하려는데, 명부가 재상의 마부로 일하는 남편의 모습을 엿보았다. 남편은 수레에 커다란 덮개를 씌우고 말 네 필을 몰며, 의기양양한 듯 스스로 매우 만족해하고 있었다.

남편이 돌아오자 아내가 말했다.

"당신이 품위가 낮고 지위가 비천한 것은 당연하더군요."

남편이 물었다. "무슨 뜻이오?"

"안자는 키가 삼 척도 안 되는데 제나라의 재상을 지내면서 명성이 제후들 사이에서 널리 알려져 있습니다. 지금 제가 문 사이로 그의 기개를 살펴보니, 스스로를 공손히 낮추었고, 생각은 깊어 보였습니다. 그런데 당신은 키가 팔 척이나 되면서도 안자 밑에서 마부 일을 하고 있습니다. 게다가 마음속으로 득의양양하며 스스로 만족해하고 있습니다. 저는 심히 부끄러워 이제 당신을 떠나려고 합니다."

남편이 사죄하며 말했다.

"내가 고치면 어떻겠소?"

아내가 말했다.

"당신이 팔 척의 몸에 안자의 뜻을 품고 인의(仁義)를 몸소 실천하며 명석한 임금을 모신다면 반드시 명성이 널리 알려질 것입니다. 또 제가 듣기에, 차라리 의로움으로 영예를 얻고 낮은 신분으로 사는 게 낫지 허세와 자만을 부려 귀한 자리에 올라서는 안 된다고 했습니다."

남편은 깊이 자책했다. 도리를 배워 겸손해졌고, 항상 자신이 부족한 듯 낮추며 행동했다. 안자가 이상하게 여겨 그 까닭을 물으니 마부는 사실대로 대답했다.

안자는 마부가 선함을 좇아 스스로 행동을 고친 품성을 현명하다고 여겨 경공(景公)에게 추천해 대부가 되게 했다. 또 그의 아내를 높이 칭송해 명부라는 칭호를 내렸다.

군자가 말했다. "명부는 선함을 알았다."

그러므로 현명한 자가 성공할 수 있는 길은 많다. 특별히 스승이나 벗만 서로 갈고닦도록 도와주는 것이 아니다. 배필도 큰 도움을 줄 수 있다.

『시경』에 "높은 산은 우러러보고, 한길은 걸어 다니는 것"이라고 했으니, 사람은 언제나 마땅히 선을 향해야 함을 뜻한다.

송하여 말한다.

제나라 재상이 부리던 마부의 아내는 도리로써 남편을 바로잡았네.

아내가 교만함과 겸손함을 분명하게 말하니, 마부는 공손해하며 스스로 안자를 본받았네.

남편은 행동을 고치고 배우기를 그치지 않았네.

안자는 그를 추천해 군자의 반열에 들게 했네.

벼슬길을 내치고 재난을 피하다

．．

　초(楚)나라의 광인(狂人) 접여(接輿)의 아내 이야기다. 접여는 몸소 농사를 지어 먹고 살았다. 초나라 왕이 사자에게 금 백 일과 말 네 필이 끄는 수레 두 채를 가지고 접여를 찾아가서 초빙해 오도록 했다.

　사자가 말했다.

　"왕께서는 선생이 회남(淮南)을 다스려주기를 원하십니다."

　접여는 웃기만 할 뿐 대답하지 않았다. 사자는 끝내 말도 나누어보지 못하고 떠나야 했다.

　그때 아내가 저자에서 돌아와 말했다.

　"선생은 젊어서부터 의로움을 행했는데, 어째서 늙어가면서 그것을 버리려 하십니까? 문밖에 수레의 흔적이 어찌 저리도 깊게 파였는지요?"

접여가 말했다.

"왕이 내가 못난 사람인 줄 모르고 회남을 다스려주기를 바라며 사자에게 금과 수레를 가지고 가서 초빙해 오도록 했소."

"설마 허락하신 건 아니지요?"

"무릇 부귀란 사람들이 바라는 바인데, 그대는 어째서 싫어하시오? 내 이미 허락했소."

아내가 말했다.

"의로운 선비는 예가 아닌 일은 하지 않습니다. 가난해도 지조를 바꾸지 않고, 신분이 비천해도 행동을 고치지 않습니다. 제가 선생을 모시고 살면서, 직접 농사지어 밥을 해드렸고, 직접 실을 자아 옷을 지어 드렸습니다. 그래도 배불리 먹고 따뜻하게 입으며 의로움을 따라 행동했으니, 스스로 만족스러웠습니다. 만약 다른 사람이 주는 후한 녹을 받고, 다른 사람이 주는 튼튼하고 좋은 수레를 타며, 다른 사람이 주는 맛좋은 음식을 먹는다면, 장차 무엇으로 보답하시겠습니까?"

그러자 접여가 사실대로 말했다. "사실은 허락하지 않았소."

아내가 말했다.

"임금의 명령을 따르지 않으면 불충(不忠)이고, 그것을 따랐다가 다시 어기면 불의(不義)입니다. 차라리 이곳을 떠나는 것이 낫겠습니다."

이에 남편은 솥과 시루를 짊어지고, 아내는 베틀을 머리에 이고, 이름과 성까지 바꾸어 멀리 이사 갔다. 그들이 어디로 갔는지 아무도 알지 못했다.

군자가 말했다. "접여의 아내는 도를 즐거움으로 삼아 화를 멀리 피했다."

무릇 덕이 지극한 자들만이 가난하고 비천한 지위에 만족하면서 도를 소홀히 하지 않을 수 있다.

『시경』에 "얼기설기 토끼 그물, 말뚝 박는 소리 쩡쩡 울리네"라고 했으니, 도에 소홀하지 않음을 가리킨다.

송하여 말한다.

접여와 아내는 가난하고 비천한 삶에 만족했네.

접여가 벼슬길에 오르려 해도 시국이 흉하고 어지러움을 알았네.

초나라가 접여를 초빙하려고 하자, 아내는 이사 가기를 청했네.

베틀을 이고 도망가 성까지 바꾸었으니 끝내 해를 입지 않았네.

안빈낙도의 즐거움을 알다

. .

　초나라 노래자(老萊子)의 아내 이야기다. 노래자가 세상을 피해 몽산(蒙山) 남쪽에서 농사 지으며 살고 있었다. 갈대로 담을 치고 쑥대로 집을 지었으며, 나무로 침상을 만들고 시초로 자리를 깔았다. 허름한 솜옷을 입고 콩을 먹으며 산을 일구고 씨를 뿌렸다.

　어떤 사람이 초나라 왕에게 말했다.

　"노래자는 현명한 선비입니다."

　그 말을 들은 왕은 옥과 비단으로 노래자를 모셔 오고자 했다. 그러나 응하지 않을까 봐 걱정해 직접 수레를 타고 노래자의 집으로 갔다. 마침 노래자는 삼태기를 짜고 있었다.

　왕이 말했다.

　"과인이 어리석고 식견이 좁은데 혼자 종묘(宗廟)를 지키고 있소. 선생께서 기꺼이 이 일을 도와주기를 바라오."

"소인은 산야에 묻혀 사는 사람입니다. 정사를 맡기에 부족합니다."

"나라를 다스리는 짐은 선생이 뜻을 바꾸기를 바라오."

"그렇게 하겠습니다."

왕이 떠난 뒤, 노래자의 아내가 삼태기를 머리에 이고, 땔감을 옆구리에 끼고 돌아와서 물었다.

"어째서 수레바퀴 자국이 이다지 많습니까?"

노래자가 대답했다.

"초나라 왕께서 나더러 나라를 다스리는 정사를 맡아달라고 하셨소."

"허락하셨습니까?"

"그러하오."

아내가 말했다.

"제가 듣기로 술과 고기를 먹게 해주는 자는 채찍으로 때릴 수 있고, 관직과 녹을 주는 자는 형벌을 내릴 수 있다고 했습니다. 지금 선생께서 남이 주는 술과 고기를 먹고 남이 주는 관직과 녹을 받으면, 그 사람에게 얽매이게 될 것입니다. 그때가 되어도 재난으로부터 벗어나실 수 있겠습니까? 저는 다른 사람에게 얽매이는 일은 할 수 없습니다."

그러고는 삼태기를 버리고 떠났다.

노래자가 말했다.

"그대가 돌아오면 내가 그대를 위해 생각을 바꾸겠소."

그래도 아내는 돌아보지 않고 길을 떠나 강남(江南)에 이르러서야 멈추어 서서 말했다.

"짐승의 몸에서 빠진 털을 이어도 옷을 해 입을 수 있고, 떨어진 낟알로도 충분히 밥을 지어 먹을 수 있습니다."

노래자는 이에 아내를 따라 그곳에 가서 살았다. 다른 사람들도 부부를 따라 집을 짓고 사니 일 년이 되어 부락을 이루고, 삼 년이 되어 취락을 이루었다.

군자가 말했다. "노래자의 아내에게는 옳은 일을 행하는 결단력이 있었다."

『시경』에서 "오막살이집일망정 다리 뻗고 살겠네. 샘물이 넘쳐흐르고 있으니 적어도 배고픔은 면할 수 있는 것"이라고 했는데, 바로 이를 가리킨다.

송하여 말한다.

노래자와 아내는 세상을 피해 산 남쪽에서 살았네.

쑥대로 집을 짓고, 골풀과 갈대로 지붕을 이었네.

초나라 왕이 그를 초빙하자 노래자가 응하려고 했지만

아내가 난세라고 말하자 아내를 따라 도망갔네.

인지전

仁
智
傳

어질고 지혜로운 여인들

선견지명으로 위기에 대처한 여인들

유향이 「인지전」에서 지혜로운 여인을 칭송하면서 자주 사용했던 단어는 원식(遠識), 멀리 내다볼 줄 아는 식견이다. 앞을 헤아리는 혜안을 가진 여인들은 날카로운 통찰력으로 지인(知人), 즉 '사람됨'을 알아보았다. 인재(人災)는 늘 사람으로부터 일어나는 법. 「인지전」의 여인들은 사람됨을 미리 간파했고, 이로부터 일어날 위기를 예고했다. 조언을 받아들인 자들은 재앙에서 벗어났고, 무시한 자들은 죽임을 당하거나 전쟁에서 패하는 운명을 맞았다.

위나라 의공의 딸은 스스로 나라를 위한 전략이 되기를 자처했다. 약육강식의 춘추전국시대에 위나라가 살아남기 위해서는 자신이 강대국인 제나라로 시집가서 국교를 맺어야 한다고 판단했다. 하지만 의공은 오히려 딸보다 정치적인 감각이 떨어졌다. 딸의 간언을 무시해 제나라를 마다하고, 약소국인 허나라와 국교를 맺어 딸을 시집보냈다. 결국 적(翟)이 쳐들어왔을 때, 위나라는 어느 나라에서도 원조를 받지 못하고 크게 패했다. 딸의 말을 듣지 않은 것을 후회한들 이미 소용이 없었다.

제나라 영공의 부인 중자 역시 사람으로 인해 재앙이 일어날 것을 예견했다. 중자가 영공의 총애를 얻어 아들 아(牙)를 낳았는데, 영공이 원래 태자였던 광(光)을 폐위하고 아를 태자로 삼았다. 자신의 아들이 태자가 되는데 마다할 어머니가 어디 있을까? 하지만 중자는 그것이 상도(常道)에 어긋난다고 여겼다. 중자는 목숨을 걸고 왕의 결정에 반대했다. 그러나 영공은 중자의 간언을 무시했다. 영공이 죽자 광은 반기를 들었고, 제나라는 혼란에 빠졌다.

반면 아내의 선견지명을 받아들여 위기를 극복한 이들도 있다. 조나라 대부 희부기의 아내는 망명 중이던 진나라 공자 중이를 보고, 언젠가는 제후 가운데 으뜸이 될 것임을 알아보았다. 그러나 조나라의 공공은 중이를 멸시하고 예로 대하지 않았다. 아내는 남편 희부기에게 중이와 관계를 잘 맺을 필요가 있다고 권했다. 희부기는 아내의 말을 듣고, 중이에게 음식과 패물을 보내며 예를 다했다. 과연 진나라로 돌아간 중이는 문공이 되었고, 가장 먼저 조나라부터 공격했다. 하지만 희부기의 마을에는 표창을 하고 군사들에게 함부로 들어가지 못하게 했다. 사람됨을 알아본 아내의 식견이 한 가정과 마을 전체를 살린 것이다.

진나라 대부 백종은 똑똑했지만 직언을 잘해 대인 관계가 원만하지 못했다. 그때의 정치란 직언하는 사람이 미움을 받는 상황이었다. 백종의 아내는 이 사실을 남편보다 더 잘 알고 있었다. 아내는 남편의 대쪽 같은 성품 때문에 재앙이 일어날 것을 예견하고, 아들의 목숨이라도 살릴 수 있는 방도를 마련하자고 했다. 아내의 조언으로 백종은 필양과 친분을 맺었다. 그 뒤 난불기의 난이 일어나 백종은 목숨을 잃었지만, 필양의 도움으로 아들만은 살아남을 수 있었다.

노나라 대부 장문중의 어머니는 평소 아들이 야박한 성품 때문에 큰일을 당하리라고 예상했다. 결국 장문중은 미움을 받아 제나라 사신으로 보내졌고, 볼모로 사로잡히고 말았다. 제나라가 노나라를 치려고 하자, 장문중은 몰래 은어로 편지를 써 왕에게 보냈지만 아무도 무슨 말인지 알지 못했다. 이때 장문중의 어머니가 아들의 편지에 숨겨진 의미를 해석했고, 이에 따라 국경에 군사를 배치했다. 이로부터 제나라는 노나라를 침략하려는 계획을 포기하고 말았다. 어머니의 기지로 곤경에 빠진 아들도 살아남았고, 나라도 전쟁의 위기에서 벗어날 수 있었다.

「인지전」에 나오는 여인들은 신통한 예지력이 있어 미래를 예언한 것이 아니었다. 사람됨을 알아보고 적절한 상황을 판단해 이후 일어날 위기를 예견하고 이를 극복하려고 노력했다. 때로 스스로 혼수품이 되기를 마다하지 않았고, 목숨을 걸고 왕에게 간언하기도 했다. 그래서 유향은 『시경』「대아(大雅)」의 '억(抑)' 중 한 구절을 빌려 이렇게 칭송했다.

"나의 계책 따르면 아마도 큰 후회 없을 것이네." 참으로 절묘한 인용이 아닐 수 없다.

휘파람을 불며 나라의 운명을 걱정하다

노나라 칠실에 시집 못 간 노처녀 한 명이 살고 있었다. 노처녀는 어느 날 기둥에 기대어 휘파람을 구슬프게 불었다. 함께 있던 아낙이 시집을 가지 못해 슬퍼서 그러느냐고 물었더니, 노처녀는 왕이 늙고 태자가 어려서 걱정이라고 답했다. 순간 아낙은 의아해하지 않을 수 없었다. 나라 걱정은 왕이나 대부처럼 높으신 양반들이나 하는 것인데, 하찮은 여인네가 나선들 무슨 소용이 있겠는가. 이러한 상황을 두고 맹자는 일찍이 대인이 할 일이 따로 있고, 소인이 할 일이 따로 있다고 했다. "마음 고생하는 사람은 남을 다스리는 사람이고, 몸 고생하는 사람은 남의 다스림을 받는 사람이다. 다스림을 받는 사람은 남을 먹여주고, 다스리는 사람은 남한테서 얻어먹는 것이 천하에 통하는 원칙이다."(『맹자』「등문공滕文公」)

당장 먹고살 일이 바쁜 백성이 나랏일까지 걱정해야 한다면 삶이 여간 고되지 않을 것이다. 그래서 맹자는 정치하는 사람은 정치에 힘쓰고, 노동하는 사람은 노동에 힘쓰는 것이 사회가 유지되는 순리라고 말했다. 분업화된 현대사회를 생각해보면, 상당히 설득력 있고 타당한 견해일 수 있다. 하지만 나라에 불운이 닥치면 그 화는 고스란히 백성에게 미치는 법이다. 명나라의 몰락을 경험한 고염무(顧炎武)는 "천하가 망하는 데는 필부에게도 책임이 있다"(『일지록日知錄』「정시正始」)라고 했다.

칠실의 노처녀도 "황하의 강물은 아홉 리의 땅을 적시면서, 삼백 보의 땅까지 스며든다"라는 말로 쇠잔해진 나라의 운명이 백성에게 미칠 것을 걱정했다. 이후 정말로 노나라에 전쟁이 이어져, 남자들은 전쟁터로 차출되고 여인들은 물자를 나르느라 쉴 틈이 없었다. 그러니 어찌 한낱 이름 없는 아낙네라고 하여 나라의 운명을 걱정하지 않을 수 있겠는가.

위나라 대부 여이의 어머니도 나라에 닥칠 위기가 훤히 보이자 아들에게 간언할 것을 부탁했다. 하지만 여이가 갑자기 사신이 되어 제나라로 떠나자, 그저 두고 볼 수만 없어 직접 궁궐 문을 두드리고 왕에게 편지를 올렸다. 애왕은 태자 정(政)에게 비를 간택해주려다가 여인이 너무도 아름답자 자신의 후궁으로 삼고자 했다. 당시 위나라는 그리 강한 나라가 아니었다. 남쪽에는 초나라가 버티고 있고, 서쪽에는 강대국인 진나라가 있어 늘 위협을 받고 있었다. 그런데도 애왕은 미색에 빠져 정사를 돌보지 않았다. 주변 나라의 공격을 받아 위나라가 패망하게 되는 것은 시간문제였다.

여이의 어머니는 왕 앞에 나서서 간언했다. 역대 나라의 흥망성쇠가 왕과 비의 품성과 덕행으로부터 비롯되었음을 설명했다. 만약 애왕이 간언을 받아들이지 않는다면, 여이의 어머니는 형벌을 받을 수도 있었다. 그런데도 여이의 어머니는 목숨을 걸고 왕 앞에 나아가 간언했다. 애왕은 간언을 경청하며 받아들였고, 그 후로 위나라 주변에서는 감히 어느 나라도 군사 도발을 하지 못했다. 이름 없는 한 노파가 한 나라를 지켜낸 것이다. 그러니 나라를 지켜야 할 사명 앞에 남녀노소, 상하와 귀천의 구별이 어디 있으랴.

인자하면서도 지혜로우니 좋지 아니한가

「현명전」과 「인지전」 모두 지혜로운 여인들의 이야기를 담고 있지만, 「인지전」이 「현명전」과 구분되는 중요한 근거는 인(仁), 즉 어진 마음이다. 이들의 지혜는 날카롭고 냉철하지만, 너그럽고 따뜻하며 이타적이었다. 먼저 초나라 영윤 손숙오의 어머니에게서 그 증거를 찾아볼 수 있다.

손숙오가 어릴 때, 밖에서 놀다가 머리 둘 달린 뱀을 보았다. 손숙오는 머리 둘 달린 뱀을 보면 죽는다는 말이 떠올라 두려운 마음을 억누르고, 다른 사람이 볼까 봐 죽여서 땅에 묻었다. 그러고는 걱정이 되어 울고 있었는데, 그의 어머니가 그 일을 듣고는 손숙오의 어진 마음을 칭찬했다. 그러면서 음덕을 베풀었기 때문에 죽지 않을 것이라고 위로했다. 이처럼 어려서부터 남을 배려하는 덕행을 실천한 손숙오는 훗날 초나라의 명신(名臣)이 될 수 있었다.

진나라가 조나라를 공격해오자 효성왕은 조괄을 장군으로 명했다. 그런데 조괄의 어머니는 직접 왕을 찾아가 아들을 장군으로 삼으면 안 된다고 청했다. 그의 아버지 조사는 인자하고 넉넉하게 베푸는 인물이었지만, 조괄은 거만하고 자신의 이익만 챙기는 자였다. 누구보다 아들을 잘 알고 있는 어머니는 아들을 장군으로 삼으면 안 된다고 만류했다. 하지만 효성왕은 이를 무시하고 염파 대신 조괄을 장군으로 삼았다. 그 결과 조나라는 전쟁에 패했고, 45만 군사가 하룻밤에 생매장당해 죽는 참사가 일어났다.

초나라 무왕이 출정하기에 앞서 두려운 마음이 들어 부인 등만에게 이유를 물어보았다. 등만은 무왕의 마음속에 있는 두려움의 실체를 알고 있었다. 화무십일홍(花無十日紅)이라고 하지 않던가. 해가 중천에 뜨면 언젠가는 서쪽으로 지기 마련이고, 달이 가득 차면 이지러지는 법이다. 등만은 무왕이 가진 것이 많아 잃어버릴까 두려워하는 것이라고 위로해주었다. 그리고 출정 도중 왕이 붕어하더라도 병사들을 잃지 않는다면 나라로서는 복된 일이라고 담담하게 말했다. 무왕은 이 말에 위안을 얻어 출정했고, 결국 붕어했다. 세상의 모든 것을 다 차지하고 싶은 욕심을 내려놓고 죽는 순간, 무왕의 마음은 그래도 편안했을 것이다.

차가운 지성이 아니라 따뜻하고 부드러운 인자함으로 사람들의 마음을 헤아리고 보듬는 여인들의 지혜는 사람들에게 위로가 되어주었고, 전쟁과 재난의 위기로부터 나라와 가정을 구해냈다. 공자는 "지혜로운 사람은 물을 좋아하고, 인자한 사람은 산을 좋아한다"(『논어論語』「옹야雍也」)라고 구분해 말했다. 하지만 「인지전」의 여인들은 지혜로움과 인자함을 동시에 품고 있었다. 지혜로우면서도 인자한 어머니들. 세상의 이치에 통달한 그들의 삶에서 여전히 많은 울림을 느낄 수 있을 것이다.

왕에게 친하의 도리를 깨우쳐주다

．．

　　등만(鄧曼)은 초(楚)나라 무왕(武王)의 부인이다. 무왕이 굴하(屈瑕)를 장수로 삼아 나(羅)나라를 정벌하게 했다. 굴하는 호를 막오(莫敖)라고 했다. 굴하가 여러 장수들과 함께 초나라 병사들을 모두 거느리고 출정하니, 투백비(鬪伯比)가 마부에게 말했다.

　　"막오는 반드시 질 것이다! 행동은 거만하고 마음이 굳세지 않은 까닭이다."

　　투백비는 왕을 알현하며 말했다.

　　"반드시 병사들을 더 지원해줘야 할 것입니다."

　　왕이 이를 부인 등만에게 알렸더니 등만이 말했다.

　　"대부가 한 말은 단지 병사를 증원하라는 뜻이 아닙니다. 왕께서 믿음으로 백성을 어루만지고, 덕으로 여러 관리를 훈계하며, 형벌로써 막오에게 위엄을 보이시라고 한 말입니다. 막오는 포소(浦騷)의 전투에서 이긴 일로 거만해져서 사람을 경시하고 독단적으로 행동할 것입니다. 분명 나나라의 왕을 업신여길 것이니, 왕께서 제압해 회유하는 것 외에 다른 방도가 있겠습니까?"

이에 왕은 뇌(賴)나라 사람을 보내 쫓아가게 했지만 막오를 따라잡지 못했다. 막오는 군중(軍中)에서 명령을 내리며 말했다.

"간언하는 자들에게 형벌을 내릴 것이다."

군대가 언수(鄢水)에 이르러 강을 건너는데, 대오가 흐트러졌다. 나나라에 이르자, 나나라가 노융(盧戎)과 함께 공격해 와서 막오의 군대는 크게 패했다. 막오는 황곡(荒谷)에서 스스로 목을 매달았고, 여러 병사들은 야보(冶父)에 갇혀 처벌을 기다려야 했다.

왕이 말했다. "과인의 잘못이다."

그러고는 모든 병사를 풀어주었다.

군자가 말했다.

"등만은 사람을 알아볼 줄 알았다."

『시경』에 "거들떠보지도 않더니, 나라의 운명이 기울어진 것일세"라고 했으니 이를 이르는 말이다.

왕이 수(隨)나라를 정벌하러 출정하면서 등만에게 물었다.

"내 마음이 불안한데 왜 그런 것이오?"

등만이 말했다.

"왕께서는 덕이 부족한데 녹은 후하고, 베푼 것은 적고 가진 것이 많으십니다. 사물은 성하면 반드시 쇠하는 법이고, 해가 중천에 뜨면 반드시 지기 마련입니다. 가득 차면 넘치는 것은 하늘의 도리입니다. 선왕들도 이를 알고 계셨습니다. 이 때문에 전쟁에 임해 나라의 명령을 선포할 때면 왕의 마음이 불안해지는 것입니다. 만약 왕께서 출정 도중에 붕어하신다고 해도 병사들을 잃지 않으면 나라의 복이 될 것입니다."

왕이 마침내 출정했다가 만목(樠木) 아래에서 붕어했다.

군자가 말했다.

"등만은 천도를 알았다."

『주역(周易)』에 "해가 중천에 뜨면 지기 마련이고, 달이 차면 이지러진다. 하늘과 땅이 차고 비는 것은 때에 따라 생겨났다 사라지기 때문이다"라고 했으니 이를 이르는 말이다.

송하여 말한다.

초나라 무왕의 부인 등만은 일이 일어나는 원인을 알았네.
굴하의 군대가 패할 것이라 말하고, 왕이 장차 붕어할 것을 알았네.
저 천도란 성하면 반드시 쇠하는 것임을 알았도다.
끝내 그 말대로 되었으니 군자가 칭송하네.

나라를 위해 혼수품이 되기를 자청하다

· ·

　허목부인(許穆夫人)은 위(衛)나라 의공(懿公)의 딸이자 허(許)나라 목공
(穆公)의 부인이다. 처음에 허나라가 위나라에 청혼해 왔는데, 제나라도
위나라에 청혼했다. 의공이 허나라의 청혼을 받아들이려 하자 딸이 보
모를 통해 말을 전했다.

　"옛날에 제후에게 딸이 있으면, 딸을 예물로 삼아 큰 나라에 보내 국
교를 맺고 원조를 받았습니다. 지금 허나라는 작고 멀리 있지만, 제나라
는 크고 가까이에 있습니다. 지금 같은 세상에서는 강한 자가 영웅이 됩
니다. 만약 변경에서 침략이라도 일어난다면, 사방 이웃나라에 도움을
청해야 할 것입니다.

　그런데 큰 나라로 구원 요청을 하러 갔을 때, 제가 있으면 오히려 낫
지 않겠습니까? 지금처럼 가까운 나라를 버리고 먼 나라를 따르며, 큰

나라를 멀리하고 작은 나라를 좇아간다면 어떻게 되겠습니까. 하루아침에 전쟁이라도 일어난다면, 누가 우리와 함께 사직을 걱정해주겠는지요?"

그러나 위나라 의공은 딸의 말을 듣지 않고 허나라로 딸을 시집보냈다. 그 후 적(翟)이 위나라를 공격해 위나라가 크게 패했다. 하지만 허나라는 지원을 해줄 수 없었다. 위나라 의공은 결국 하수(河水)까지 도망가서 남쪽으로 강을 건너 초구(楚丘)에 이르렀다. 제나라 환공(桓公)이 지원해주자 가까스로 위나라는 살아남을 수 있었다. 제나라는 초구에 성을 세워 위나라 의공을 머물게 했다. 그제야 위나라 의공은 딸의 말을 듣지 않은 것을 후회했다.

위나라가 패했을 때, 허목부인은 의공에게 달려가 조문하고, 이를 근심하며 시를 지었다.

달리고 달려 위나라 왕을 애도해드려야지.

멀리 말을 달려 조(漕) 땅에 도착하리라.

대부는 산 넘고 물 건너가련만, 내 마음에는 근심이 차네.

나를 두고 잘했다는 이 없지만, 내 뜻은 돌이킬 수 없는 것.

그대들이 나를 좋지 않게 여기는 것 알지만,

내 생각은 위나라를 떠나지 못하네.

군자는 그 자애로움과 멀리 내다보는 식견을 칭찬했다.

송하여 말한다.

위나라 의공의 딸이 시집을 가지 않았을 때, 허나라와 제나라가 함께 청혼했네.

딸이 보모에게 권유하며, 제나라가 크니 의지할 만하다고 하였네.

의공이 딸의 말을 듣지 않았더니, 이후에 과연 도망가는 신세가 되었네.

허나라는 도움을 줄 수 없었고, 딸은 「재치(載馳)」라는 시를 지었네.

가정과 마을을 위기에서 구해내다

••

조(曹)나라 대부 희부기(僖負羈)의 아내 이야기다.

진(晉)나라 공자 중이(重耳)가 망명했을 때 조나라를 거쳐 갔다. 그런데 조나라 공공(恭公)은 중이를 예로 대하지 않았다. 중이의 늑골이 붙어 있다는 소문을 듣고, 그 집 근처로 가서 목욕할 때까지 기다렸다가 엷은 휘장을 치고 이를 지켜보기도 했다.

희부기의 아내가 남편에게 말했다.

"제가 진나라 공자를 보았는데, 그를 수행하는 세 사람 모두 한 나라의 재상이 될 만한 인물들이었습니다. 뛰어난 세 사람이 힘을 합쳐 보좌하니, 중이는 반드시 진나라의 왕이 될 것입니다.

만약 중이가 진나라로 돌아가면 반드시 제후들 중 으뜸이 될 것입니다. 그러면 자신에게 무례하게 대했던 나라부터 칠 텐데, 조나라는 분명 첫 번째 목표가 될 것입니다.

조나라에 재난이 닥치면 당신도 피할 수 없습니다. 어찌하여 진작예의 없는 그들과 다르다는 것을 보여주지 않으십니까?

또 제가 듣기로 아들을 잘 모르면 그 아버지를 보고, 왕을 잘 모르면왕이 부리는 자를 보라고 했습니다.

지금 중이를 따르는 자는 모두 재상이 될 만한 심복으로, 그 왕은 분명 패왕 중에서도 으뜸이 될 것입니다. 만약 예를 갖추어 그를 대한다면반드시 은혜에 보답할 것이고, 그에게 죄를 지으면 반드시 잘못을 응징하려 할 것입니다. 일찍 대비하지 않으면 안 됩니다. 화가 미치는 날이그리 멀지 않았습니다."

이에 희부기는 단지에 음식을 담고 그 위에 옥까지 얹어서 보냈다.중이는 음식만 받고 옥은 돌려주었다.

훗날 중이가 진나라로 돌아가서 조나라를 치려는데, 유독 희부기의마을 여문(閭門)에는 표창을 하면서 병사들에게 함부로 들어가지 못하게 했다. 많은 백성이 노인들을 부축하고 아이들을 데리고 마을로 모여드니, 문밖은 성시를 이루었다.

군자가 말했다.

"희부기의 아내는 멀리 내다볼 수 있는 식견을 지녔다."

『시경』에 "밝고도 총명하여 그 몸을 보전하였네"라고 했으니, 이를이르는 말이다.

송하여 말한다.

희부기의 아내는 지혜가 크고 밝았네.

진나라 공자를 보고 그가 패주(霸主)로 흥할 것을 알았네.

남편에게 음식을 보내게 해 이로써 스스로 덕을 입었네.

문공이 조나라를 정벌했으나 희부기만 끝내 홀로 재난에서 벗어났네.

公子重耳

從者三人

음덕을 베푼 아들을 위로하다

··

초나라 영윤(令尹) 손숙오(孫叔敖)의 어머니 이야기다. 손숙오가 어릴 때 밖에 나가 놀다가 머리가 둘인 뱀을 보았다. 뱀을 죽여서 땅에 묻고 는 집으로 돌아와 어머니를 보면서 울었다. 어머니가 까닭을 물으니 손숙오가 대답했다.

"머리 둘 달린 뱀을 보면 죽는다는 말을 들었는데, 지금 밖에 나가 놀다가 그 뱀을 보았습니다."

어머니가 물었다.

"뱀은 지금 어디에 있느냐?"

손숙오가 대답했다.

"다른 사람이 다시 볼까 두려워 뱀을 죽여서 묻었습니다."

어머니가 말했다.

"너는 죽지 않을 게다. 무릇 음덕을 베푼 사람은 분명히 보답을 받는다고 했다. 덕행은 상서롭지 못함을 이기고, 어진 마음은 온갖 재앙을 물리칠 수 있지. 하늘은 높은 데 있지만 낮은 곳에서 벌어지는 일을 다 알고 있단다. 『상서(尙書)』에 '하늘은 공평무사하여 오직 덕이 있는 자만 돕는다'라고 하지 않더냐? 너는 더 이상 말하지 말아라. 분명 초나라에서 크게 될 것이야."

과연 손숙오는 성장해서 영윤이 되었다.

군자가 말했다.

"손숙오의 어머니는 도덕의 이치를 알았다."

『시경』에 "어머니는 성스럽고 훌륭하시네"라고 했으니 이를 이르는 말이다.

송하여 말한다.

손숙오의 어머니는 천도를 깊이 알고 있었네.

손숙오가 뱀을 보았는데, 머리가 둘로 갈라져 있었네.

죽여서 땅에 묻고는 일찍 죽게 될까 봐 두려워 울었네.

어머니는 음덕을 베풀면 죽지 않고, 분명 오래 살 것이라 하였네.

위기를 예견하고 아들을 구하다

••

진(晉)나라 대부 백종(伯宗)의 아내 이야기다. 백종은 현명했지만 자주 직언을 하고 사람을 능멸했다. 매번 백종이 조회에 나갈 때마다 그의 아내는 항상 조심하라고 타일렀다.

"도둑은 집주인을 싫어하고, 백성은 윗사람을 싫어한다고 했습니다. 당신을 아끼고 좋아하는 사람이 있으면, 반드시 싫어하고 시기하는 사람도 있을 겁니다. 당신은 직언을 잘합니다. 정직하지 않은 사람들은 당신을 싫어할 것이니, 화가 반드시 당신에게 닥칠 것입니다."

하지만 백종은 부인의 말을 듣지 않았다.

한번은 조회에 나갔다가 희색이 만연하여 돌아왔기에 부인이 그에게 물었다.

"당신 얼굴에 희색이 도는데, 무엇 때문입니까?"

"내가 조회에서 발언했는데, 여러 대부들이 모두 나의 재주가 양자(陽子)와 같다고 했소."

"잘 여문 곡식은 꽃을 피우지 않고, 진실한 말은 꾸미지 않습니다. 지금 양자는 꽃은 피웠지만 열매를 맺지 못했고, 말을 할 때 앞뒤를 헤아리지 않아서 화를 입었는데, 당신은 무엇 때문에 기뻐하십니까?"

백종이 말했다.

"그렇다면 내가 여러 대부와 함께 술을 마시며 이야기를 나누어볼 테니 당신이 한번 들어보구려."

"그렇게 하지요."

이에 큰 연회를 열어 여러 대부들과 함께 술을 마셨다. 술자리가 끝나고 백종이 부인에게 물었다.

"어떠했소?"

부인이 대답했다.

"여러 대부들은 당신만 못했습니다. 그러나 백성이 윗사람을 섬기지 않은 지 오래되었으니, 반드시 당신에게 어려운 일이 생길 것입니다. 당신의 성품은 본디 바꿀 수 없고, 게다가 나라에 다른 생각을 품은 자들이 많으니 곧 위기가 닥칠 것입니다. 어찌하여 미리 현명한 대부와 친분을 맺어 아들 주리(州犁)를 부탁해놓지 않으십니까?"

백종은 "그렇게 하겠소"라고 말하고는 이후 필양(畢陽)을 만나 친분을 쌓았다.

곧 난불기(欒弗忌)의 난이 일어나자 극기(郤錡), 극주(郤犨), 극지(郤至) 세 사람이 백종을 시기해서 참언해 죽였다. 그때 필양이 백종의 아들 주리를 형(荊) 땅으로 보내 화를 면하게 했다.

군자가 말했다.

"백종의 아내는 천도를 알았다."

『시경』에 "간언을 많이 해 화를 돋우니 구제할 약이 없네"라고 한 것은 백종을 이르는 말이다.

송하여 말한다.

백종이 사람을 능멸하여 아내는 조만간 남편이 죽을 것을 알았네.
백종에게 여러 차례 간언해 필양과 굳은 약속 하게 했네.
주리를 부탁하여 이로써 재앙을 면하게 했네.
백종이 화를 당하자 주리는 형 땅으로 도망갔네.

상도를 지키고자 간언하다

··

　제나라 영중자(靈仲子)는 송(宋)나라 제후의 딸이자 제나라 영공의 부인이다. 처음에 영공은 노나라에서 성희(聲姬)를 부인으로 맞아들여 아들 광(光)을 낳아 태자로 삼았다. 그런데 부인 중자와 그 여동생 융자(戎子)가 모두 영공의 총애를 받았다. 그 후 중자는 아들 아(牙)를 낳았다. 융자가 광 대신 조카인 아를 태자로 세우자고 청하자 영공이 허락했다. 이에 중자가 말했다.

　"안 됩니다. 무릇 법도를 어기는 일은 상서롭지 못합니다. 제후들의 비난을 듣는다면 계책은 실패할 것입니다. 광이 제후들에게 인정받아 태자가 되었습니다. 지금 정당한 사유 없이 그를 폐하면 제후들을 함부로 여기고 무시하는 격이고, 이로부터 생겨난 비난이 상서롭지 못한 일을 일으킬 것입니다. 왕께서는 후회하실 겁니다."

영공이 말했다.

"이 일은 나에게 맡기시오."

"저도 양보할 수 없습니다. 진정 화근이 될 것입니다."

중자가 목숨을 걸고 말렸으나 영공은 끝내 듣지 않았다. 태자 광을 쫓아내고 아를 태자로 세웠으며, 고후(高厚)를 스승으로 삼게 했다.

영공이 병에 걸리자, 고후는 몰래 광을 맞아들였다. 영공이 붕어하자 최저(崔杼)가 광을 태자로 세우고 고후를 죽였다. 중자의 말을 듣지 않아 재앙이 여기까지 이른 것이다.

군자가 말했다.

"중자는 사리에 밝았다."

『시경』에 "나의 계책 따르면 아마 큰 후회 없을 것이네"라고 했으니 중자를 이른 말이다.

송하여 말한다.

제나라 영중자는 어질고 지혜로우며 현명했네.

영공이 아를 태자로 세우고, 성희의 아들 광을 폐했네.

중자가 강하게 간언하기를, 적자를 버리면 상서롭지 못하다고 했네.

영공이 말을 듣지 않아 결국 재앙이 일어났네.

편지를 풀이해 전쟁을 막아내다

••

장손(臧孫)의 어머니는 노(魯)나라 장문중(臧文仲)의 어머니이다. 장문중이 노나라의 사신이 되어 제나라로 가게 되었을 때, 그의 어머니가 전송하며 말했다.

"너는 성품이 각박하고 인정이 없으며, 걸핏하면 진이 다 빠지도록 남에게 일을 시키고, 위엄을 내세워 사람을 궁지에 몰아넣는다. 노나라가 너를 받아들일 수 없어 제나라 사신으로 보내는 것이다. 무릇 나쁜 일이 일어나려 하면, 반드시 변화하는 낌새가 생긴다. 너를 해치려는 자는 그 순간 일을 낼 것이니 이를 경계해야 한다.

노나라와 제나라는 서로 인접한 이웃이다. 노나라에서 총애받는 신하 중에 너를 싫어하는 사람이 많은데, 그들 모두 제나라의 고자(高子)나 국자(國子) 같은 자들과 내통하고 있을 것이다. 제나라 사람들은 분명 노나라를 치려고 너를 억류할 것이니 재앙을 피하기 어렵겠구나. 그러니 반드시 은혜를 많이 베풀어서 후에 도움을 받을 방도를 마련해라."

이에 장문중은 맹손씨(孟孫氏), 숙손씨(叔孫氏), 계손씨(季孫氏)의 삼가(三家)에 의탁해 사대부들을 후하게 대한 다음 제나라로 갔다. 제나라에서 정말로 그를 억류했고, 병사를 일으켜 노나라를 공격하려 했다. 장문중이 몰래 사람을 통해 왕에게 편지를 보냈는데, 편지가 제나라에 들킬까 봐 두려워 은어로 글을 썼다.

"작은 그릇을 모아서 옹기 안에 집어넣으십시오. 사냥개를 잘 먹이고 양가죽 옷을 마련하십시오. 거문고 소리가 잘 맞으니 매우 그립습니다. 착한 내 양에게는 어머니가 있습니다. 나에게 동어(同魚)를 먹입니다. 갓끈은 부족한데 허리띠는 넉넉합니다."

왕이 대부들과 함께 의논을 했지만 무슨 말인지 알 수 없었다. 어떤 사람이 건의했다.

"장문중의 어머니가 대대로 벼슬한 집 자손입니다. 불러다 한번 물어보면 어떻겠습니까?"

왕이 어머니를 불러서 말했다.

"내가 장문중을 제나라 사신으로 보냈는데, 지금 이와 같이 편지를 보내왔소. 무슨 뜻이오?"

편지를 읽은 장문중의 어머니가 옷깃에 눈물을 적시며 말했다.

"제 아들은 억류되어 형틀에 갇혀 있습니다."

"어떻게 알았소?"

"작은 그릇을 모아서 옹기 안에 집어넣으라는 것은 성 밖의 백성을 성 안쪽으로 불러 모으라는 말입니다. 사냥개를 잘 먹이고 양가죽 옷을 마련하라는 것은 서둘러 전투에 나갈 병사들을 잘 대접하고 갑옷과 무기를 정비하라는 말입니다.

거문고 소리가 잘 맞으니 매우 그립다는 것은 아내를 그리워한다는 말이고, 착한 내 양에게 어머니가 있다는 것은 아내에게 어머니를 잘 봉양해달라는 말입니다.

나에게 동어를 먹인다는 말에서 동(同)은 무늬가 들쑥날쑥한 숫돌을 뜻합니다. 숫돌은 톱을 가는 도구이고, 톱은 나무를 다듬는 도구입니다. 이는 형틀에 매어 감옥에 갇혀 있다는 말입니다. 갓끈이 부족한데 허리띠가 넉넉하다는 것은 머리가 헝클어져 있어도 빗질을 하지 못하고, 배가 고파도 밥을 먹지 못한다는 말입니다. 이 때문에 아들이 억류되어 형틀에 갇혀 있음을 알았습니다."

왕은 장문중의 어머니 말대로 국경에 군대를 배치했다.

제나라가 막 군대를 일으켜 노나라를 습격하려고 했는데, 노나라 군대가 국경에 있다는 소식이 들려왔다. 제나라는 장문중을 돌려보냈고, 노나라를 침략하지 않았다.

군자가 말했다.

"장문중의 어머니는 숨겨진 뜻을 알아내고 멀리 내다보는 식견을 가졌다."

『시경』에 "저 언덕에 올라 어머니 계신 곳을 바라보네"라고 했으니 이를 이르는 말이다.

송하여 말한다.

장문중의 어머니는 아들이 다른 사람에게 위협을 가하는 것을 비판했네.
분명 재앙을 당할 것이라 여겨 의탁할 곳을 구하게 했네.
삼가와 돈독하게 교류했는데, 정말로 제나라에 억류되었네.
어머니는 편지의 뜻을 해석했고, 아들은 마침내 돌아올 수 있었네.

나라를 걱정하며 휘파람을 불다

· ·

    노나라 칠실(漆室)읍에 사는 여인 이야기다. 여인은 혼기가 지나도 시집을 가지 못하고 있었다. 그때는 목공(穆公)이 다스리던 시절로, 왕은 늙고 태자는 어렸다. 여인이 기둥에 기대어 휘파람을 불었는데, 옆에 있는 사람이 들으니 그 소리가 애처롭기 그지없었다. 이웃 아낙이 함께 놀다가 말했다.

    "어째서 휘파람 소리가 그리 슬픈가요? 시집을 가고 싶은 건가요? 그러면 내가 짝을 구해볼게요."

    칠실의 여인이 말했다.

    "아아! 처음에 나는 당신이 생각이 좀 있는 사람이라고 여겼는데, 지금 보니 아무것도 아는 게 없군요. 내가 어찌 시집을 가지 못한다고 우울하고 슬프겠어요? 나는 노나라 왕이 늙고 태자가 어린 것을 걱정하고 있답니다."

이웃 아낙이 웃으며 말했다.

"그것은 노나라 대부들이나 걱정할 일이지 우리 같은 부인들이 무슨 상관할 바인가요?"

칠실의 여인이 말했다.

"그렇지 않습니다. 당신은 하나도 모르군요. 옛날 진(晉)나라에서 온 손님이 우리 집에 머물면서 정원에 말을 매어두었지요. 그런데 고삐가 풀려 말이 돌아다니면서 우리 정원의 아욱을 밟아 그해는 아욱을 먹지 못했습니다. 또 이웃 여인이 어떤 사람과 눈이 맞아 도망갔는데, 그 집에서 우리 오라버니에게 쫓아가달라고 부탁했습니다. 마침 장마가 져서 오라버니는 불어난 물살에 휩쓸려 죽었지요. 그래서 내겐 오라버니가 없습니다. 내가 듣기로 황하의 강물은 아홉 리의 땅을 적시면서, 삼백 보의 땅까지 스며든다고 합니다. 지금 노나라 왕은 늙어서 판단력이 흐리고, 태자는 어려서 우매합니다. 날마다 어리석고 거짓된 일이 일어나고 있습니다. 무릇 노나라에 우환이 생기면, 군신과 부자는 모두 치욕을 당할 것이고, 백성에게까지 재앙이 이를 겁니다. 어찌 부인들이라고 해서 재앙을 피할 수 있겠어요? 나는 앞일이 매우 걱정되는데, 당신은 부인들과는 상관없는 일이라고 하네요. 어째서 그런 건가요?"

이웃 아낙이 사과하며 말했다.

"당신이 생각하는 바를 따라가지 못했네요."

삼 년이 지나서 노나라는 정말로 혼란에 빠졌다. 제나라와 초나라가 공격해 왔고, 노나라는 계속해서 침략당했다. 남자들은 전쟁터에 나가고, 부인들은 군수 물자를 나르느라 쉴 틈이 없었다.

군자가 말했다.

"멀리 내다보는구나! 칠실의 여인이여!"

『시경』에 "나를 아는 이는 내 마음에 시름 있다 하지만, 나를 모르는 이는 내게 무엇 하느냐 묻네"라고 했다. 바로 이 이야기를 가리키는 말이다.

송하여 말한다.

칠실의 여인은 헤아려 생각하는 바가 매우 심원했네.

노나라가 장차 혼란에 빠질 것을 생각하여 기둥에 기대어 휘파람을 불었네.

왕은 늙고 태자는 어려 우매하고 나태하니, 나쁜 일이 연이어 일어났네.

노나라가 정말로 혼란에 빠지자, 제나라가 그 성을 공격했네.

왕에게 남녀유별의 도리를 설파하다

$\bullet \bullet$

위(魏)나라 곡옥(曲沃)에 사는 대부 여이(如耳)의 어머니 이야기다. 진(秦)나라가 위나라 공자 정(政)을 태자로 세우자, 위나라 애왕(哀王)은 사자를 보내 태자에게 비를 구해주었다. 그런데 여인이 너무나 아름다워 왕이 그녀를 자신의 후궁으로 삼고자 했다.

곡옥의 노파가 아들 여이에게 말했다.

"왕이 부자간의 유별을 어지럽히는데 어째서 바로잡지 않느냐? 지금은 전국(戰國)시대로 강한 자가 영웅이 되고 의로운 자가 명성을 날릴 수 있다. 지금 위나라는 강하지 않은데, 왕까지 도리를 어기고 있으니 어떻게 나라를 보전하겠느냐? 왕은 보통 재주밖에 없는 사람이라, 그것이 화가 될지 모르고 있구나. 네가 간언하지 않으면 위나라에 반드시 재앙이 일어날 것이고, 재앙이 일어나면 필경 우리 집까지 미칠 것이다.

너는 간언하여 충성을 다하고, 충성을 다하여 재앙을 막아라. 이 기회를 놓쳐서는 안 된다."

그런데 여이가 간언할 기회도 없이 마침 제나라에 사신으로 가게 되었다. 이에 노파는 궁궐의 문을 두드리며 글을 올렸다.

"곡옥에 사는 노파입니다. 마음속에 어떤 생각이 있어 왕께 들려드리려고 합니다."

왕이 불러 들어오게 하니 노파가 말했다.

"제가 듣기로 남녀 간의 유별은 나라의 큰 예법이라 했습니다. 여인은 의지가 약하고 생각이 조악해서 그릇되게 인도하면 안 됩니다. 이 때문에 반드시 열다섯이 되면 비녀를 꽂아주고, 스물이 되면 시집을 보냅니다. 일찌감치 부인의 칭호를 이루게 해서, 끝까지 한 남편만 따르게 하는 것입니다. 정식 혼례의 예를 지켜 맞아들이면 처가 되고, 예를 지키지 않고 사사로이 얻으면 첩이 된다고 했습니다. 이는 선함을 일깨워주고 음란함을 막기 위해서입니다. 성년이 된 뒤에 시집을 가고, 친영(親迎)을 한 뒤에 남편을 따르는 것이 정절을 지키는 여인의 도리입니다. 지금 대왕께서 태자에게 비를 구해주셨으나, 도리어 자신의 후궁으로 삼으려고 하십니다. 이는 정절을 지켜야 할 여인의 도리를 훼손하고, 남녀 간의 유별을 어지럽히는 일입니다.

예부터 성왕께서 비를 맞이할 때는 반드시 올바르게 하셨습니다. 비를 올바르게 얻으면 나라가 흥했고, 올바르지 않게 얻으면 나라가 혼란해졌습니다. 하(夏)나라는 도산(塗山) 때문에 흥했고, 말희(末喜) 때문에 망했습니다. 은(殷)나라는 유신(有莘) 때문에 흥했고, 달기(妲己) 때문에 망했습니다. 주(周)나라는 태사(太姒) 때문에 흥했고, 포사(褒姒) 때문에 망했습니다. 주나라 강왕(康王)의 부인이 아침에 늦게 일어나 이를 깨우치기 위해 「관저(關雎)」를 지었으니, 숙녀가 군자의 좋은 배필이 되기를 바라는 뜻입니다.

저구새 암수가 함부로 짝을 지어 사는 것을 일찍이 본 적이 없습니다. 무릇 남녀는 성인이 되어 예로 합쳐야 이로부터 부자 관계가 생기고 군신 관계가 성립됩니다. 이 때문에 부부는 만물의 시작이 됩니다. 군신, 부자, 부부 세 가지 관계는 천하의 큰 기강입니다. 이 세 가지 관계가 안정되면 나라도 잘 다스려지고, 문란하면 나라도 혼란해집니다.

지금 대왕께서는 인도(人道)의 시작을 어지럽히고 기강을 지켜야 할 의무를 버리고 계십니다. 주변에 적국이 대여섯 있습니다. 남쪽에서는 초나라가 제멋대로 날뛰고 있고, 서쪽에서는 진(秦)나라가 전횡을 휘두르고 있으며, 위나라는 그 사이에서 겨우 살아남은 형국입니다. 왕께서는 이를 걱정하지 않고, 부자간의 유별을 함부로 어지럽히려 하십니다. 저는 대왕이 다스리는 나라의 정치가 위기에 빠질까 걱정이 됩니다."

왕이 말했다.

"그렇군. 과인이 미처 몰랐소."

마침내 태자의 비를 보내고 노파에게는 곡식 30종(鍾)을 하사했다. 나중에 여이가 돌아오자 왕은 여이에게 작위를 내렸다. 왕이 근신하고 스스로 수양해 나랏일에 힘쓰니 제나라와 초나라, 강대국인 진나라도 감히 위나라를 침략하지 못했다.

군자가 말했다.

"위나라 노파는 예를 알았다."

『시경』에 "공경하고 공경하라, 하늘이 밝으시네"라고 했으니 이를 이르는 말이다.

송하여 말한다.

위나라 노파는 총명하고 통달하여, 애왕을 비판하고 풍자했네.

왕이 아들의 비를 후궁으로 맞이했으니, 유별의 도리가 분명히 서지 않았네.

노파가 궁궐 문을 두드리고, 기강을 일일이 열거하며 말했네.

왕이 잘못을 고치고 스스로 수양하니, 끝내 적의 침략이 없었네.

아들의 임용을 만류하다

. .

조(趙)나라 장군 마복군(馬服君) 조사(趙奢)의 아내이자 조괄(趙括)의 어머니 이야기다.

진(秦)나라가 조나라를 공격해 오자 효성왕(孝成王)은 염파(廉頗)를 대신해 조괄을 장군으로 삼았다. 조괄이 막 출정하려는데, 조괄의 어머니가 글을 올리며 왕에게 말했다.

"조괄을 장군으로 보내선 안 됩니다."

왕이 물었다.

"어째서 그러시오?"

조괄의 어머니가 답했다.

"처음에 제가 그의 아버지를 모셨는데, 그때 남편은 장군이었습니다. 몸소 모셨던 어른들은 수십 명이었고, 친분을 맺은 사람은 수백 명에 이르렀습니다. 대왕과 종실에서 하사한 재물은 모두 군대의 관리나 사대부에게 나누어 주셨고, 명을 받은 날에는 집안일을 묻지 않으셨습니다.

그런데 지금 조괄은 하루아침에 장군이 되었습니다. 동쪽을 향해 군대의 관리들과 조회를 하는데, 이들 중 우러러보는 자가 아무도 없습니다. 왕께서 하사한 돈과 비단은 모두 가지고 와 집 안에 쌓아두고, 매일 적당하고 좋은 밭과 집을 사들일 궁리만 하고 있습니다.

왕께서는 그가 그의 아버지와 같다고 생각하십니까? 아버지와 아들은 다릅니다. 마음가짐부터가 서로 다릅니다. 원컨대 아들을 보내지 마십시오."

"장군의 어머니는 관여하지 마시오. 내 생각은 이미 결정되었소."

"왕께서 끝내 제 아들을 보내려 하신다면, 만약 아들이 장군으로서 자격 없는 일을 저질렀을 때, 제가 연좌되지 않도록 해주시겠습니까?"

"그렇게 하겠소."

조괄이 출정해 염파를 대신한 지 30여 일 만에 조나라 군대는 결국 패했다. 조괄은 죽고 군대는 괴멸했다. 왕은 조괄의 어머니와 미리 약속한 바가 있어 끝내 가족에게 벌을 내리지 못했다.

군자가 말했다.

"조괄의 어머니는 어질고 지혜로웠다."

『시경』에 "이 늙은이는 성심으로 대하는데, 젊은 그대들은 교만하기만 하네. 내 말은 망령이 아닌데, 그대들은 걱정을 장난으로 받아들이는 구려"라고 했으니 이를 이르는 말이다.

송하여 말한다.

효성왕은 조괄을 등용해 염파 대신 진나라를 막게 했네.
조괄의 어머니가 글을 올렸으니, 군대가 패할 것을 알았네.
출정을 막으려 했으나 그러지 못하자, 자신에게 죄가 미치지 않기를 청했네.
조괄이 장평(長平)에서 죽었지만, 그의 처자는 목숨을 보전할 수 있었네.

정순전

貞順傳

지조가 굳고 순종적인 여인들

일부종사(一夫從事), 한 남편에게만 순종적이었던 여인들

'올곧다'라는 뜻을 지닌 '정(貞)'과 '순종적'이라는 의미인 '순(順)'은 언뜻 보기에 서로 잘 어울리지 않아 보인다. 의지가 강직한 사람이 남의 말에 순순히 따른다는 게 모순처럼 느껴지기도 한다. 하지만 「정순전」에서 두 단어는 완벽하게 결합된다. 올곧은 태도는 지조와 정절을 향해 있고, 순종의 대상은 오직 남편뿐이다. 남편을 향한 그들의 마음은 태산보다 더 무겁다. 어떤 유혹이 닥쳐와도, 부모의 권유나 권력의 압력이 아무리 거세져도, 그들의 마음은 흔들리지 않는다.

제나라 왕의 딸이 위나라로 시집가던 도중, 남편이 되기로 한 선공이 죽었다. 남편 얼굴을 한 번도 본 적 없고, 정서적으로 유대 관계가 있던 것도 아니다. 시집도 가기 전에 남편 될 사람이 죽었으니 부인으로서 지켜야 할 의무라고는 없었다. 유모가 집으로 돌아가도 된다고 달랬지만, 부인은 굳이 위나라로 들어가 남편의 삼년상을 치렀다. 그 뒤 선공의 동생이 부인에게 청혼했다. 가족들도 살아 있는 왕에게 시집가라고 종용했다. 하지만 마음을 바꿀 수 없었던 부인은 이런 시를 지었다. '내 마음 돌이 아니니 굴릴 수 없고, 내 마음 돗자리 아니니 말 수도 없네.'

가족의 권유와 왕의 간청이 있었지만, 부인은 시로써 자신의 단단한 마음을 표현했다. 세상에 어찌할 수 없는 것이 사람 마음 아니던가. 돌처럼 쉬이 굴려 움직일 수 있는 것도, 돗자리처럼 편리하게 말았다 폈다 할 수 있는 것도 아니다. 한 사람에 대한 마음만 인정했기에 부인은 그만큼 당당할 수 있었다. 단 한 사람, 부부로 인연을 맺은 남편에게만 향하는 올곧음이고, 순종이었다.

송나라의 한 여인 역시 기구한 운명이었다. 채나라에 사는 생면부지의 사람에게 시집을 갔더니 남편이 몹쓸 병에 걸려 있었다. 어머니가 나서서 딸에게 재가를 권했지만 딸은 질경이 따는 상황에 빗대어 이를 거절했다. 처음에 질경이를 딸 때는 고약한 냄새가 나지만, 옷섶에 싸서 다니다 보면 옷에 냄새가 배고, 나중에는 그 냄새가 자연스럽고 익숙하게 느껴진다는 것이다. 서로에게 마음이 길들여지는 것도 이와 같다. 시간의 흐름과 함께 믿음이 쌓이고, 서로를 향한 마음이 한결같아지는 상태가 바로 정순(貞順)이다.

오나라 왕 합려가 초나라를 공격하고, 초나라 소왕의 후궁을 모두 자신의 여인으로 삼았다. 합려의 횡포가 소왕의 어머니 백영까지 이르자, 백영은 칼을 쥐고 저항했다. 백영은 만약 합려가 겁탈을 한다면 칼로 합려를 찌르겠다는 의지를 드러냈다. 죽음도 불사한 백영은 용감하면서도 지조가 굳은 모습을 지켜냈고, 결국 합려는 부끄러워하며 물러갔다. 전일(專一), 오직 한 사람에게만 마음을 쏟는 순종은 이리도 강인한 힘을 발휘할 수 있었다.

정희는 초나라 백공 승이 죽은 뒤에 길쌈을 하면서 생계를 유지했다. 오나라 왕이 이를 훌륭하게 여기고 대부를 보내 청혼하게 했다. 황금과 옥을 하사하면서 왕의 부인이 되어달라고 청하는데 흔들리지 않을 여인이 어디 있을까. 하지만 정희는 도리를 버리고 욕망을 따르는 것은 더러운 행위이고, 이익을 보고 죽은 사람을 배신하는 것은 탐욕이라면서 청혼을 거절했다. '정순'이란 한 남편에 대한 맹목적인 추종이 아니라, 사람과 사람 사이의 도리, 신의를 지키는 행위에 다름 아니다.

진나라의 효부도 그러했다. 열여섯 어린 나이에 출가했는데, 남편이 수자리를 떠났다가 죽어서 돌아오지 못했다. 자식도 없는 딸이 어린 나이에 과부가 된 것이 안타까워, 부모는 재가를 권했다. 하지만 효부는 믿음의 문제를 거론한다. 남편이 수자리 떠나기 전에, 늙은 노모를 보살펴주기로 남편과 약속했다는 것이다. 사람의 근본인 믿음을 저버리고서는 살 수 없다면서 자살하려고 하자, 부모는 다시는 재가를 거론하지 않았다.

「정순전」의 여인들이 선택한 길은 너무도 고되고 무거웠다. 하지만 그들은 권력의 횡포 앞에서도 자신의 뜻을 굽히지 않았다. 한 번 맺은 인연을 귀하게 여기며, 약속 한마디를 지키기 위해 온 인생을 바쳤다. 가혹한 운명 앞에서 이들이 지키고자 했던 것은 의리, 믿음, 진심 그 자체였다. 그들은 우리에게 인간이 살아가는 삶의 조건이란 무엇인지 새삼 돌아보게 한다.

약속 그 한마디에 목숨을 걸다

인간의 삶에서 혼례는 때로 번거로운 예식으로 간주되기도 한다. 그러나 두 사람이 만나 가정을 이루고 부부가 되기 위해 치르는 의식은 자못 엄숙하고 숭고하다. 혼례라는 통과의례를 거치면서 부부 사이에는 반드시 지켜야 할 도리가 형성된다.

정강이 초나라 소왕에게 시집을 가서 왕과 함께 지방으로 시찰을 떠나게 되었다. 소왕이 정강을 잠시 누대에 남겨두고 떠난 사이에 강물이 크게 불어나 위급한 상황이 되었다. 소왕은 사자를 보내 정강을 데려오도록 했지만, 정강은 사자를 따라나서지 않았다. 혼례를 치르면서 소왕과 약속한 바가 있었기 때문이다. 소왕이 정강을 부를 때에는 반드시 부절(符節)을 보내기로 했는데, 사자가 급하게 오느라 부절을 챙겨 오지 않은 것이다. 정강도 당장 사자를 따라나서면 살 수 있다는 사실을 알고 있었다. 하지만 그러지 않았다. 사자가 다시 부절을 가지고 왔지만, 때는 이미 늦었다. 누대가 무너지면서 정강은 죽고 말았다. 대체 부절 하나가 무엇이길래 목숨까지 걸어야 할까. 그래도 정강은 약속을 저버리는 것은 도리를 무시하는 행위라면서 죽기를 각오했다. 용기 있는 자만이 죽음을 두려워하지 않고 약속을 지킬 수 있다. 정강은 죽음을 택했다.

백희도 이와 같았다. 송나라 공공에게 시집간 지 10년 만에 공공이 죽고, 어느 날 밤 궁궐에 불이 났다. 시중을 드는 사람들이 규방 아래로 내려와 불을 피하라고 소리쳤지만, 백희는 방에서 나오지 않았다. 부인이 밤에 규방을 나실 때에는 부모(傅母)와 보모(保母)가 모두 힘께 있어야 한다는 도리를 지키기 위해서였다. 이윽고 보모가 달려왔지만 부모는 오지 못했다. 백희는 부모가 오지 않았기 때문에 규방에서 나갈 수 없다고 말하면서 불에 타 죽었다.

맹희는 그 누구보다 예의를 존중한 여인으로 꼽을 만하다. 제나라의 수많은 귀족이 맹희에게 청혼했지만 예가 갖추어지지 않았다는 이유로 거절했다. 그러다 결국 효공이 청혼에 성공해 맹희를 아내로 맞이하게 되었다. 효공이 맹희를 친영해 오는 장면은 매우 엄숙하고 진지하다. 절차가 번거로워 보이기는 하지만, 그러한 형식 자체가 결혼이라는 약속을 함부로 어길 수 없다는 사실을 말해주는 듯하다. 나중에 맹희와 효공이 함께 지방으로 시찰을 나가게 되었는데, 갑자기 타고 있던 수레가 부서져 맹희가 땅으로 떨어졌다. 효공은 급한 마음에 휘장이 없는 수레를 보내 맹희를 태우게 했다. 예법에 따르면, 부인이 외출할 때는 반드시 휘장으로 가린 수레를 타야 했다. 맹희는 효공이 자신을 예로 대하지 않았다고 판단하고, 스스로 목숨을 끊으려 했다. 그러나 다행히 옆에서 만류해 죽음을 면했고, 효공이 다시 휘장이 있는 수레를 보낸 뒤에야 궁궐로 돌아갈 수 있었다.

남편의 부절이 아니면 움직일 수 없고, 보호해주는 사람이 동행하지 않으면 밖으로 나갈 수 없으며, 몸을 숨기고 가려야만 외출할 수 있다는 그들의 도리는, 사실 여성을 마음대로 움직일 수 없는 존재로 만들어버리고 말았다. 정강, 백희, 맹희는 모두 융통성 없고 주체적이지 못하다는 비판을 받을 수 있다. 전통 시기 전족(纏足)에 대한 중국 남성의 열광도 같은 맥락에서 파악할 수 있다.

비록 그렇더라도 부부 사이의 신뢰와 믿음이 목숨을 걸 만큼 중요하다는 사실을 보여주었다는 점에서, 이들의 이야기는 여전히 놀라움을 선사한다. 약속을 너무 쉽게 어기는, 인간관계가 너무 쉽게 깨어지는 사회에서, 미련하고도 혹독하게 약속을 지키려 한 여인들의 이야기는 새롭게 조명될 필요가 있다.

임 향한 일편단심 가실 줄이 있으랴

식나라는 매우 작은 나라였다. 초나라는 식나라를 공격해 망하게 했다. 초나라 왕은 식나라 왕을 사로잡아 성문을 지키게 했다. 그러고는 식나라 왕의 부인까지 자신의 아내로 삼고자 했다. 어느 날 초나라 왕이 시찰을 떠난 사이에, 부인은 성문지기가 되어버린 왕을 찾으러 나섰다. 식나라 왕을 보며 부인은 초연하게 말한다. 사람이 한 번 살다가 죽으면 그뿐이니 고통스럽게 살 필요가 없고, 서로 헤어져 지내느니 죽어서 함께 묻히는 것이 낫다고. 말을 끝낸 부인은 자살했다. 눈앞에서 부인의 죽음을 목격한 왕도 살아갈 이유를 잃었으리라. 왕이 함께 죽음으로써 두 사람은 영원히 함께하자는 약속, 즉 죽어서도 변하지 않겠다는 마음을 지켜냈다.

제나라의 기량이 전투에 참여했다가 죽자, 그의 아내는 남편의 시신을 찾아 나선다. 이승과 저승을 넘나들며 조각난 남편의 시신을 찾아다녔던 여신 이시스(Isis)의 모습이 연상된다. 드디어 남편의 시체를 찾은 뒤 망연자실해 있는 아내를 보고, 장공이 조문을 하고자 했다. 하지만 아내는 거절했다. 죄인도 아닌데 길 위에서 조문을 받으면 고인을 욕되게 한다는 이유였다. 아내는 자신의 집으로 돌아가 정식으로 왕의 조문을 받는다. 참으로 강단 있는 여인이다.

하지만 이처럼 강단 있는 여인도 남편이 죽으니 의지할 곳이 없었다. 성문 아래서 남편의 시신을 붙들고 며칠을 통곡했더니 성벽이 무너져 내렸다. 그 한이 얼마나 컸으면 성벽이 반응했을까. 살아서 정성을 다해야 할 대상이 없다는 사실이 아내를 더욱 깊은 절망에 빠뜨렸다. 죽은 남편을 버리고 재가할 생각이 없던 아내가 선택할 수 있는 유일한 방법은 죽음뿐이었다.

고행 역시 죽은 남편을 따라 기꺼이 죽음을 택하고 싶은 여인이었다. 그러나 아이 때문에 죽을 수도 없었다. 문제는 고행의 미모가 너무 뛰어나고 행실이 훌륭하다는 데 있었다. 양나라의 많은 귀족이 청혼을 해왔는데, 그때마다 고행은 거절했다. 하지만 양나라 왕이 직접 청혼을 하자, 왕의 명령을 거역할 수 없음을 알고 제 손으로 몸을 훼손하는 결단을 내린다. 거울 앞에서 코를 베어버림으로써 거절한다는 뜻을 단호하게 드러낸 것이다.

이들의 행위는 어쩌면 정절에 대한 강박증에 가깝다. 이후 자살이나 신체 상해를 두려워하지 않은 여인을 열녀(烈女)로 칭송하는 근거가 되었다고도 할 수 있다. 그들은 자신에게 지나치리만큼 가혹했다. 하지만 한 사람을 향한 한 조각 붉은 마음만큼은 아무리 오랜 세월이 흘러도 지워질 수 없었다. 숭고함마저 드는 그들의 단심(丹心)을 함께 기억해주자. 어쩌면 그것만으로도 그들에게 많은 위안이 될 것이다.

부인의 도리를 지키다 불에 타 죽다

• •

백희(伯姬)는 노(魯)나라 선공(宣公)의 딸이자 성공(成公)의 여동생이다. 그의 어미니는 목강(繆姜)으로, 백희를 송(宋)니리 공공(恭公)에게 시집보냈다. 공공이 친영(親迎)하러 오지 않았으나, 백희는 부모의 명에 못이겨 송나라로 시집갔다. 송나라로 시집간 지 석 달 만에 사당에 참배하는 예를 치르고 부부의 도리를 행해야 했다. 하지만 백희는 공공이 친영을 하러 오지 않았다는 이유로 명을 따르지 않았다. 송나라에서 이를 노나라에 알리자, 노나라에서는 대부 계문자(季文子)를 보내 백희에게 왕의 명령을 알렸다. 계문자가 돌아와 명을 수행한 결과를 전하자, 성공은 그를 위해 연회를 베풀었다.

목강이 방에서 나와 재배하며 말했다.

"대부께서 먼 길을 마다 않고 애써주셔서 아이에게 뜻을 전할 수 있었습니다. 돌아가신 선공과 그의 후사를 잊지 않으셨으니, 지하에 계신 선왕께서 아신다면 노나라에 희망이 있다고 여기실 것입니다. 대부의 노고에 거듭 절을 올립니다."

백희가 공공에게 시집간 지 십 년 만에 공공이 붕어했고, 백희는 과부가 되었다. 경공(景公) 때에 이르러 어느 날 밤 백희가 머무는 궁궐에 불이 났다. 시종이 소리쳤다.

"부인! 잠시 불을 피하시지요!"

백희가 말했다.

"보모(保母)와 부모(傅母)가 동행하지 않으면 밤에 규방에서 나오지 않는 것이 부인의 도리입니다. 보모와 부모가 올 때까지 기다리겠습니다."

잠시 뒤 보모가 도착했지만 아직도 부모가 모습을 드러내지 않았다. 시종이 다시 소리쳤다.

"부인! 잠시 불을 피하십시오!"

"부모가 아직 오지 않았으면 밤에 규방에서 나오지 않는 것이 부인의 도리입니다. 도리를 거스르고 목숨을 구하느니 차라리 도리를 지키다가 죽겠습니다."

백희는 결국 불에 타 죽었다.

『춘추(春秋)』에서는 이 일을 상세하게 기록하며 백희를 현명하다고 평했다. 부인이라면 올곧음을 행해야 하는데, 백희는 부인의 도리를 다했다고 여겼다. 이때 이 일을 듣고 애통해하지 않는 제후들이 없었다. 죽은 자를 살려낼 수 없어도 잃은 재물은 다시 얻을 수 있다고 여겨, 서로 단연(澶淵)에서 모여 송나라가 잃은 것을 보상해주었다. 『춘추』에서는 이를 칭송했다.

군자가 말했다.

"예에 따르면, 부인은 부모가 함께하지 않으면 밤에 규방에서 나오지 않고, 다닐 때는 반드시 촛불을 밝혀야 한다고 했다. 이는 백희를 두고 한 말이다."

『시경』에 이르기를 "그대의 행동을 잘 삼가 거동에 잘못 없기를 바라네"라고 했으니, 백희는 가히 법도를 잃지 않았다고 할 수 있다.

송하여 말한다.

백희는 마음을 오로지하여 한마음으로 예를 지켰네.
밤에 궁궐에 불이 났지만 보모와 부모가 곁에 없었네.
불에 타 죽어도 그 마음은 후회하지 않으리.
『춘추』는 백희를 현명하다고 칭송하며, 이 일을 상세히 기록했네.

죽은 남편에 대한 절개를 지키다

. .

위(衛)나라 선공(宣公)의 부인은 제(齊)나라 왕의 딸이다. 일찍이 위나라 선공에게 시집가는 도중 성문에 이르렀는데, 선공이 붕어했다. 보모가 말했다.

"제나라로 돌아가셔도 됩니다."

그러나 부인은 말을 듣지 않고 끝내 위나라로 들어가 삼년상을 지켰다. 삼년상을 다 치르자 선공의 동생이 왕위에 올라 부인에게 청했다.

"위나라는 작은 나라라서 두 집 살림이 허락되지 않습니다. 저와 살림을 차리고 함께 살아주기를 바랍니다."

부인이 말했다.

"오직 부부만이 한 살림을 차릴 수 있습니다."

그러고는 끝내 청을 받아들이지 않았다.

위나라 왕은 제나라에 있는 부인의 형제에게 사람을 보내 부인을 설득해달라고 하소연했다. 친정 형제가 모두 지금의 왕을 따르라고 종용했다. 하지만 부인은 끝내 따르지 않았고, 이런 시를 지었다.

내 마음 돌이 아니니 굴릴 수 없고,
내 마음 돗자리 아니니 말 수도 없네.

재난을 당하고 궁색한 처지에 놓여도 가엾게 여기지 않고, 고되고 치욕스러워도 구차하지 않은 연후에야 스스로 도리를 실현할 수 있다. 즉 자신의 뜻을 잃지 않아야 어려움을 이겨낼 수 있다는 것을 말한다.

『시경』에 "용모가 의젓하고 온화하지만, 그이를 믿을 수 없네"라고 했으니, 좌우에 현명한 신하가 없어 모두들 왕의 뜻만 따르는 것을 말한다. 군사는 부인의 정절과 한결같은 마음을 칭송했고, 이로부터 부인의 사적을 『시경』에 기록해두었다.

송하여 말한다.

제나라의 부인이 위나라로 시집갔는데, 부인이 성문에 도착했네.
남편 될 왕이 붕어했지만 돌아가지 않고, 끝내 위나라로 들어가 삼년상을 치렀네.
지금의 왕이 함께 살기를 바랐지만 부인은 끝내 마음 흔들리지 않았네.
시를 지어 풍자하며, 죽을 때까지 죽은 남편을 위해 수절했네.

병든 남편을 떠나지 않고
의리를 지키다

• •

채(蔡)나라 사람의 아내는 송(宋)나라 여인이다. 채나라 사람에게 시집을 갔더니 남편이 나쁜 병에 걸려 있었다. 그 어머니가 딸을 재가시키려고 하자 딸이 말했다.

"남편의 불행은 곧 아내의 불행인데 어떻게 그를 떠납니까? 시집간 사람의 도리란 한번 초례를 치르면 죽을 때까지 재가하지 않는 것입니다. 불행하게도 나쁜 병에 걸린 남편을 만났지만, 제 뜻을 바꾸지는 않겠습니다. 이것은 질경이 따는 일에 비유할 수 있습니다. 질경이는 처음 딸 때는 냄새가 고약하지만, 옷자락에 싸서 품고 다니다 보면 결국에는 냄새가 점점 배어들어 친숙하게 느껴집니다. 하물며 부부의 도는 어떻겠습니까? 남편에게 큰 잘못이 없고, 또 저를 버리지 않는데, 어떻게 떠나겠습니까?"

정순전 **143**

여인은 끝내 어머니의 말을 듣지 않고는 「부이(苯莒)」라는 시를 지었다.

군자가 말했다.

"송나라 여인의 뜻은 매우 올곧고 한결같았다."

송하여 말한다.

송나라 여인은 오로지 성실했고, 마음을 지켜 재가를 원하지 않았네.

남편에게 나쁜 병이 있었지만, 오히려 한마음으로 정성을 다했네.

어머니가 재가하기를 권했지만, 시를 지으며 따르지 않았네.

후세 사람이 이를 칭송하여, 순종적이고 지조가 굳다고 여겼네.

목숨보다 도리를 귀하게 여기다

..

맹희(孟姬)는 화씨(華氏)의 장녀로 제나라 효공(孝公)의 부인이다. 예를 잘 지키고 한결같이 올곧았는데, 과년하도록 시집을 가지 않았다. 제나라 안에서 많은 사람이 맹희에게 구혼했지만, 예가 갖추어지지 않았으므로 끝내 시집가지 않았다.

맹희는 평소 남자가 앉은 자리에는 가지 않았고, 바깥일에 대해서는 말하지 않았으며, 남녀유별을 지켜 의심받을 행동을 하지 않았다. 제나라에서는 맹희에게 예를 갖추어 구혼할 만한 사람이 없었다. 온 제나라 사람이 맹희의 정절을 칭송했다.

효공이 이 소문을 듣고 예를 갖추어 화씨 가문으로 가서 친영했다. 그의 부모는 맹희를 보내며 대청 아래로 내려서지 않았다. 맹희의 어머니는 초례를 치르는 방에서 수건을 매어주며 훈계했다.

"반드시 공경하고 삼가야 한다. 궁중의 일을 어기면 안 된다."

아버지는 동쪽 계단에 서서 훈계했다.

"반드시 아침 일찍 일어나고 저녁 늦게 잠들며 명을 어기는 일이 없도록 하여라. 왕의 명에 크게 방해되는 일 역시 따르지 말아야 한다."

서모(庶母)들은 양쪽 계단 사이에서 훈계했다.

"공경하고 또 공경해야 한다. 반드시 끝까지 부모의 명을 따르며, 아침저녁으로 게을리해서는 안 된다. 어머니가 매어주신 수건을 바라보며, 부모님의 말씀이 무엇이었는지 기억해야 한다."

고모들은 대문 안에서 훈계했다.

"밤낮으로 허물없게 하여라. 어머님이 매어주신 수건을 바라보며 부모의 말씀을 잊지 말거라."

효공은 그 부모에게서 맹희를 친영하고 세 번을 돌아보고 나왔다. 친영한 뒤에는 맹희에게 수레 손잡이를 쥐어주고, 직접 수레를 몰아 세 번 돌면서 곡고(曲顧)의 예를 다하고는, 마침내 궁으로 맞아들였다. 석 달이 지나고 종묘에 참배한 연후에 부부의 도를 행했다.

맹희가 효공과 함께 지낸 지 오래되었을 때다. 효공이 낭야(琅琊)로 시찰하러 가면서 맹희도 함께 따르게 되었다. 그런데 수레가 달리다 부서져서 맹희가 땅으로 떨어졌다. 효공은 말 네 필이 끄는, 서서 타는 수레에 맹희를 태워 돌아가게 했다.

맹희는 시중드는 자에게 휘장을 쳐서 자신을 감싸도록 하고, 부모(傳母)를 통해 사자에게 말을 전하게 했다.

"제가 듣기로 후비가 규방을 나서면 반드시 휘장으로 가린, 앉아서 타는 수레를 타야 하고, 대청 아래로 내려와서는 반드시 부모와 보모가 따라야 한다고 했습니다. 나아가고 물러설 때는 패옥을 달아 소리를 내야 하고, 안에서도 옷매무새를 단단히 하며, 밖에 나가서는 가마에 달린 휘장으로 몸을 가려야 한다고 했습니다. 마음을 반듯하게 하고 뜻을 한결같이 하는 것은 스스로 절제하기 위함입니다. 그런데 지금은 서서 타는 수레인 데다 휘장도 없으니 감히 명을 받아들일 수 없습니다. 몸이 밖에 있는데도 보호해주는 이 없으니, 오래 머물러 있을 수도 없습니다. 이 세 가지는 크게 예를 어긴 것입니다. 예를 지키지 못하고 사느니 차라리 일찍 죽는 게 낫습니다."

사자가 달려가서 효공에게 알리고 다시 앉아 타는 수레로 바꾸어 맹희에게 돌아갔더니 맹희가 스스로 목을 매단 뒤였다. 마침 부모가 구해 목숨은 끊어지지 않았다.

부모가 말했다.

"사자가 도착했습니다. 휘장이 달린 수레가 준비되었습니다."

맹희가 깨어나서 수레를 타고 궁궐로 돌아갔다.

군자가 말했다.

"맹희는 예를 잘 지켰다."

예에 따르면, 부인은 밖에 나갈 때 반드시 휘장이 있는 수레를 타고, 옷매무새를 단단하게 여며야 한다. 시집간 뒤 친정으로 돌아왔을 때는 여자 형제의 안부만 묻지 남자 형제의 안부는 묻지 않아야 하는데, 남녀 유별의 예를 지키기 위함이다.

『시경』에서 "저 군자의 따님은 행실이 머리카락처럼 촘촘하고 꼿꼿하네"라고 했으니 이를 이르는 말이다.

송하여 말한다.

맹희는 예를 잘 따랐고, 절조를 지키며 매우 공손하였네.
남녀유별을 지켜 의심받을 행동을 하지 않았고, 끝내 용모를 치장하지 않았네.
서서 타는 수레를 탈 수 없다고 하며, 예가 아니면 따르지 않았네.
군자는 이를 훌륭하다 여겼으니, 예부터 이와 같은 이 드물었네.

일편단심을 지키고자 자결하다

．．

　식(息)나라 왕의 부인 이야기다. 초(楚)나라가 식나라를 정벌하여 멸망시키고, 그 왕을 사로잡아 성문을 지키게 했다. 그러고는 그의 부인을 아내로 삼고자 초나라 궁궐로 데리고 왔다. 초나라 왕이 순행을 나가자, 부인은 마침내 식나라 왕을 만나러 갈 수 있었다.

　부인이 왕에게 말했다.

　"사람이 살다가 한 번은 죽기 마련인데, 이렇게 스스로 고통스러워할 필요가 있겠습니까? 저는 잠시라도 당신을 잊은 적이 없습니다. 절대로 두 번 결혼하지 않을 겁니다. 그러니 이렇게 이승에서 이별하여 사는 것보다 차라리 죽어서 저승에서 만나는 것이 나을 듯합니다."

　이에 시를 지었다.

살아서는 다른 집에 있지만, 죽어서는 같은 구덩이에 묻히리라.

나를 미덥지 않다고 한다면, 밝은 해를 두고 맹세하리라.

식나라 왕이 말렸지만 부인은 듣지 않고 끝내 자살했다. 식나라 왕도 자살해 같은 날 함께 죽었다. 초나라 왕은 부인이 절개를 지키고 의리를 중시한 점을 높게 사서, 제후의 예로 두 사람을 합장해주었다.

군자가 말했다.

"부인이 선을 행하는 것을 기꺼워하였기에, 그의 시를 『시경』에 편집해 넣었다."

무릇 정의는 군자를 움직이게 하고, 이익은 소인을 움직이게 하는데, 식나라 왕의 부인은 이익을 위해 움직이지 않았다.

『시경』에 "아름다운 언약 어기지 말아요, 그대와 죽을 때까지 함께 하고 싶어요"라고 했으니 이를 이르는 말이다.

송하여 말한다.

초나라 왕이 식나라 왕을 사로잡고, 그의 부인을 정비(正妃)로 삼으려 했네.

부인이 지조를 굳게 지켜, 오랜 시간 지나도 마음이 사그라지지 않았네.

「동혈(同穴)」이라는 시를 지어, 옛 사람을 생각하고 새로운 사람을 잊어버렸네.

끝내 죽음도 두려워하지 않아, 지조 있고 현명한 여인의 반열에 들었네.

남편의 죽음에 통곡하다가 죽다

··

제(齊)나라 사람 기량(杞梁)의 아내 이야기다.

장공(莊公)이 거(莒)를 습격했을 때, 기량이 전쟁에서 죽었다. 장공이 돌아가는 길에 그의 아내를 보고, 사자를 보내 길에서 조문하게 했다.

기량의 아내가 말했다.

"만약 제 남편에게 죄가 있다면, 어찌 왕을 욕되게 하며 조문을 받을 수 있겠습니까? 하지만 만약 남편에게 죄가 없다면, 천한 제가 선조 대대로 살아온 누추한 집에 가 있겠습니다. 저는 교외에서 조문을 받을 수는 없습니다."

이에 장공은 수레를 돌려 그의 집으로 가서 예를 다해 조문을 한 다음 돌아갔다.

　기량의 아내는 자식도 없고, 안팎으로 다섯 가지 상복을 입어줄 일가친척 하나 없었다. 돌아가 기댈 곳이 없어 성 아래에서 남편 시신에 기대 통곡했다. 그 마음에서 우러나오는 진심에 사람들이 감동했다. 행인 가운데 아내 때문에 눈물을 흘리지 않는 자가 없었다. 열흘을 그렇게 하자 통곡 소리에 성벽이 무너져 내렸다.

　아내가 장사를 다 치르고 나서 말했다.

　"나는 어디로 돌아가야 할 것인가? 무릇 부인에게는 반드시 의지할

사람이 있어야 한다. 아버지가 계실 때는 아버지에게 의지하고, 남편이
있으면 남편에게 의지하고, 자식이 있으면 자식에게 의지해야 한다. 하
지만 지금 내겐 위로는 아버지가 안 계시고, 가운데로는 남편이 없으며,
아래로는 자식이 없다. 안으로 의지해 내 성실함을 드러낼 데 없고, 밖
으로 기대어 내 절개를 세울 데 없구나. 그렇다고 내가 어찌 재가를 하
겠는가? 역시 남은 건 죽음뿐이로구나.〞

마침내 치수(淄水)로 가서 물에 빠져 죽고 말았다.

군자가 말했다.

"기량의 아내는 지조가 곧고 예를 알았다."

『시경』에 "내 마음이 상하고 슬프구나! 그저 당신과 함께 돌아가고 파"라고 했으니 이를 이르는 말이다.

송하여 말한다.

기량이 전쟁에서 죽자, 그의 아내는 시신을 거두어 장례를 치렀네.

제나라 장공이 조문을 했지만 교외에서 조문을 받을 수 없다며 피했네.

성 아래에서 남편의 죽음을 통곡하자 통곡 소리에 성벽이 무너졌네.

기댈 일가친척 하나 없다고 여겨 치수로 가서 죽었네.

왕에게 저항하며 정절을 지키다

• •

백영(伯嬴)은 진(秦)나라 목공(穆公)의 딸이자 초(楚)나라 평왕(平王)의 부인이며 소왕(昭王)의 어머니이다.

소왕 때 초나라와 오나라가 백거(伯莒)에서 전쟁을 했는데, 오나라가 초나라를 이기고 마침내 초나라의 수도 영(郢)까지 쳐들어왔다. 소왕은 도망가고, 오나라 왕 합려가 그의 후궁들을 모두 차지했다. 순서가 백영에 이르자 백영은 칼을 쥐고 말했다.

"제가 듣기로 천자는 천하의 표본이고, 공후(公侯)는 일국의 모범이라고 했습니다. 천자가 제도를 어기면 천하가 혼란해지고, 제후가 예절을 잃으면 나라가 위험해집니다. 부부의 도리란 진실로 인륜의 시작이고, 왕이 내리는 가르침의 단초입니다. 이 때문에 밝으신 왕께서 정하신 법도에 따르면, 남녀는 직접 마주치면 안 되고, 앉을 때 한자리에 앉으면 안 되며, 밥을 먹을 때 같은 그릇을 쓰면 안 된다고 했습니다. 옷도 서로 다른 옷걸이에 걸어야 하고, 수건이나 빗도 따로 쓰게 했으니, 이로써 예를 시행해왔습니다.

만약 제후가 밖에서 음란한 행동을 하면 멸망하고, 경대부가 밖에서 음란한 행동을 하면 쫓겨나며, 사(士)나 서인(庶人)이 밖에서 음란한 행동을 하면 궁형을 당할 것입니다. 그렇기에 인을 잃으면 의로써 회복할 수 있고, 의를 잃으면 예로써 회복할 수 있다고 했습니다. 남녀유별의 도리가 무너지면, 혼란과 멸망이 시작됩니다. 혼란과 멸망의 단초가 되는 자는 공후에게 죽임을 당하고, 천자로부터 주벌을 받을 것입니다.

지금 왕께서 모범과 귀감이 될 행동을 마다하고, 혼란과 멸망을 부를 탐욕에 빠져 주벌을 당할 일을 저지른다면, 어찌 법령을 내려 백성을 가르칠 수 있겠는지요?

또 제가 듣기로 구차하게 사느니 냉예롭게 죽는 게 낫다고 했습니다. 만약 왕께서 모범과 귀감이 되기를 포기하면 나라도 다스릴 수 없게 될 것이고, 제가 음란한 짓을 한다면 이 세상에 살아갈 수 없을 것입니다. 한 번의 일로 두 사람이 치욕을 얻는다면, 저는 죽음으로써 정절을 지키고 감히 왕의 명을 따르지 않겠습니다. 무릇 저를 얻고자 하는 것은 순간의 즐거움을 위해서인데, 저에게 다가왔다가 죽임이라도 당하면 어찌 즐거울 수 있겠습니까? 혹은 저를 먼저 죽이신다고 하더라도, 그것이 왕에게 무슨 도움이 되겠습니까?"

이에 오나라 왕이 수치스럽게 여기고 물러나 백영과 그의 보모를 풀어주었다. 그리고 백영이 있는 궐문을 닫고 군대를 모두 그대로 두어 백영을 지키게 했다. 삼십 일이 지나 진나라 구원병이 도착했고 소왕도 돌아왔다.

군자가 말했다.

"백영은 용감하고 순결하며 한결같았다."

『시경』에 "무성한 칡덩굴이 나뭇가지로 뻗어 있네. 점잖은 군자는 복을 구함에 어긋나지 않으시리"라고 했으니 이를 이르는 말이다.

송하여 말한다.

합려가 초나라를 이기고, 초나라 궁실로 쳐들어왔네.

소왕의 후궁들을 모두 차지하니 두려워 떨지 않은 자 없었네.

백영은 스스로 지키며, 단호히 대처하고, 오로지 한마음만 따랐네.

군자가 이를 칭송하며, 절개가 있다고 여겼네.

약속을 지키려다 강물에 휩쓸려 죽다

∙∙

정강(貞姜)은 제나라 왕의 딸이자 초나라 소왕(昭王)의 부인이다. 왕이 지방으로 시찰을 나가면서, 부인을 점내(漸臺)라는 누대 위에 남거두고 떠났다. 그러던 중 왕은 강물이 크게 불어났다는 소식을 듣고 사자를 보내 부인을 데리고 오게 했다. 그런데 사자가 깜빡하고 부절(符節)을 챙겨 가지 않았다.

얼마 뒤 사자가 도착해 부인에게 나오기를 청했다.

부인이 말했다.

"왕과 제가 약속하기를, 왕께서 저를 불러낼 때 반드시 부절을 보내시기로 했습니다. 지금 사자께서 부절을 가지고 오지 않았으니, 저는 감히 따라나설 수 없습니다."

사자가 말했다.

"지금 강물이 크게 불어나 있습니다. 돌아가서 부절을 가지고 오면 아마도 때가 늦을 것입니다."

부인이 말했다.

"제가 듣기로 지조 있는 여인은 약속을 어기지 않는다고 했습니다. 용감한 자는 죽음을 두려워하지 않고 하나의 절개만 지킬 뿐입니다. 저도 사자를 따라나서면 살고, 여기에 남으면 죽는다는 사실을 잘 압니다. 하지만 약속을 버리고 도리를 무시해 목숨을 구하는 것보다 차라리 여기 남아서 죽는 것이 낫습니다."

사자는 할 수 없이 그대로 되돌아가서 부절을 가지고 왔다. 하지만 그사이 강물이 크게 불어나 누대가 부서지고 부인은 강물에 휩쓸려 죽었다.

왕이 탄식했다.

"아! 도리를 따르고 목숨으로 정절을 지켜 구차히 살려고 하지 않았구나. 약속을 마음에 품고 믿음을 지킴으로써 정절의 모범이 되었구나."

이에 부인의 호를 정강이라고 했다.

군자가 말했다.

"정강은 부인의 절개를 지녔다."

『시경』에 "훌륭한 군자는 언행이 어긋나지 않네"라고 했으니 이를 이르는 말이다.

송하여 말한다.

초나라 소왕이 시찰하러 가면서 정강을 점대에 남겨두었네.

강물이 크게 불어났지만 부인은 부절이 없으니 나가지 않겠다고 했네.

부인은 절개를 지키며, 강물에 휩쓸려 죽어도 뜻을 꺾지 않았네.

군자가 이 일을 기록하며, 백희(伯姬)와 견줄 만하다고 칭송했네.

왕의 청혼을 거절하다

• •

정희(貞姬)는 초나라 백공(白公) 승(勝)의 부인이다. 백공이 죽자 부인은 길쌈으로 생계를 이을 뿐 재가하지 않았다. 오나라 왕이 부인의 미모가 아름답고 행실이 뛰어나다는 말을 들었다. 왕은 대부에게 금 백 일과 백옥 한 쌍을 가지고 가서 청혼하게 하고, 수레 삼십 승으로 맞아 와서 부인으로 삼고자 했다. 그런데 대부가 예물을 바치자 부인이 거절하며 말했다.

"백공이 살아계실 때 저는 다행히 후궁으로 간택되어 방을 청소하고 의복과 신발을 봐드리며 이부자리를 살펴드렸습니다. 불행히도 백공께서 돌아가셨으니, 저는 죽는 날까지 묘지를 지키며 살고 싶습니다. 지금 왕께서 금과 옥을 예물로 주며 부인의 자리에 맞이하려 하시지만, 제가 받아들일 수 있는 바가 아닙니다.

무릇 도리를 버리고 욕심을 따르는 것은 더러움이고, 이익을 보고 죽은 사람을 잊는 것은 탐욕입니다. 왕께서 탐욕스럽고 더러운 사람을 부인으로 얻으셔서 무엇 하시겠습니까?

제가 듣건대, 충신은 힘으로 사람들의 신임을 얻지 않고, 지조 있는 여인은 미색으로 사람들의 인정을 받는 것이 아니라고 했습니다. 그런데 어찌 살아 있는 사람을 섬기는 일에만 이렇게 하겠습니까? 죽은 사람에게도 역시 그렇게 해야 합니다. 제가 어질지 못해 따라서 죽을 수도 없는데, 지금 또 떠나서 재가한다면 너무 심한 일 아니겠습니까?"

끝내 청혼을 거절하고 따르지 않았다.

오나라 왕은 절개를 지키고 의리가 있는 부인을 높이 칭송하며, 초정희(楚貞姬)라는 호를 내렸다.

군자가 말했다.

"성희는 청렴결백하고 성실하며 믿음이 있었다."

무릇 맡은 임무는 무겁고 길은 멀다. 인을 행하는 것을 자신의 임무로 여겼으니 역시 무겁지 않겠는가? 죽은 뒤에야 끝나는 것이니 역시 멀지 않겠는가?

『시경』에 "저 아름다운 강씨(姜氏) 집 맏딸이여! 뛰어난 품행 잊을 수 없네"라고 했으니 이를 이르는 말이다.

송하여 말한다.

백공의 부인은 수절하며, 길쌈으로 생계를 이어갔네.

오나라 왕이 이를 훌륭하게 여겨, 금과 옥으로 청혼했네.

백공의 부인은 굳은 절개를 지키며, 남편이 죽었어도 재가하지 않았네.

군자가 이를 높이 사서 그 아름다운 행적을 칭송했네.

정절을 지키려 자신의 코를 베다

• •

고행(高行)은 양(梁)나라 과부인데, 미모가 빼어나고 행실이 뛰어났다. 남편이 죽어 일찌감치 과부가 되었어도 새가하지 않았다. 수많은 양나라 귀족이 다투어 고행을 아내로 삼으려 했지만 뜻대로 되지 않았다. 양나라 왕이 이 소문을 듣고 재상을 보내 청혼하게 했다.

고행이 말했다.

"제 남편은 불행하게도 개나 말보다 명이 짧아 일찍 죽어 무덤에 묻히고 말았습니다. 제 몸도 당연히 관곽 안에 들어가야 하지만, 어린 자식을 돌보고 키워야 하기에 오로지 남편만 따르겠다는 마음을 이루지 못하고 있습니다. 많은 귀족이 제게 청혼했지만 다행히도 피할 수 있었습니다. 그런데 지금 또 왕께서 청혼을 하시는군요. 제가 듣기로 한번 시집가면 재가하지 않고, 정절과 신의의 절조를 온전히 지키는 것이 부인의 도리라 했습니다. 지금 죽은 사람을 잊고 산 사람을 좇는 것은 신의가 아니고, 귀한 사람을 보고 천한 사람을 잊는 것은 정절이 아닙니다. 도리를 버리고 이익을 따른다면 사람답다고 할 수 없습니다."

이에 거울을 가지고 와서 칼을 쥐고 자신의 코를 베고는 말했다.

"제 몸은 이미 망가졌습니다. 제가 죽지 않는 이유는 차마 어린 자식을 다시 고아로 만들고 싶지 않기 때문입니다. 왕께서 저에게 청혼하시는 것은 제 미색 때문입니다. 그런데 지금 얼굴이 못 쓰게 되었으니, 아마도 저를 놔주시겠지요?"

재상이 왕에게 이 사실을 보고했다. 왕은 과부의 의리를 훌륭하게 여기고 행실을 칭송하면서, 종신토록 세금과 부역을 면제해주었고 고행이라는 존호를 내렸다.

군자가 말했다.

"고행은 절개를 지키고 예를 따랐으며, 오로지 순수했다."

『시경』에 "내가 미덥지 않다면 밝은 해를 두고 맹세하리라"라고 했으니 이를 이르는 말이다.

송하여 말한다.

고행은 양나라에 살면서 오로지 정절을 지켰고 품성이 깨끗했네.
부귀영화를 탐하지 않고, 한마음으로 믿음을 지키는 데만 힘을 쏟았네.
양나라 왕의 청혼을 받아들이지 않고 코를 베어 몸을 망가뜨렸네.
군자가 이를 높이 칭송하니 후세 사람들에게 알려졌네.

약속을 지켜 시어머니를 모시다

··

효부는 진(陳)나라 젊은 과부이다. 나이 열여섯에 시집갔는데, 자식이 아직 없을 때 남편이 수자리하러 가게 되었다. 남편이 떠날 때 부인에게 부탁했다.

"이제 가면 생사가 어떻게 될지 모르겠소. 다행히 노모가 계시지만 다른 형제가 없으니 내가 돌아오지 못할 경우에 대비해야겠소. 내 노모를 봉양해줄 수 있겠소?"

부인이 대답했다.

"그렇게 하겠습니다."

그런데 남편은 정말로 죽어서 다시는 집으로 돌아오지 못했다. 이후 부인은 시어머니를 봉양하는 일을 게을리하지 않았다. 며느리가 시어머니를 사랑하는 마음은 더욱 굳어만 갔다. 길쌈을 해 생계를 꾸려가면서도 끝내 재가할 생각을 하지 않았다. 삼년상이 끝났다. 부모는 딸의 나이가 젊고 자식도 없이 일찍 과부가 된 것이 안타까워, 딸을 데리고 와 시집을 보내려고 했다.

효부가 말했다.

"제가 듣기로 믿음은 인간의 근간이고, 의리는 행실의 절조라 했습니다. 제가 다행히 포대기를 벗어날 정도로 성장해 부모님의 명을 받아 남편을 섬기게 되었습니다. 남편이 떠나면서 저에게 노모를 부탁했고, 저는 그렇게 하겠다고 약속했습니다. 다른 사람의 부탁을 받았는데, 어떻게 저버릴 수 있겠습니까? 부탁을 저버리는 것은 믿음이 아니고, 죽은 남편을 배신하는 것은 의리가 아닙니다. 저는 재가할 수 없습니다."

어머니가 말했다.

"네 나이가 어린데, 일찍 과부가 된 것이 안타까워 그런다."

효부가 말했다.

"제가 듣기로 차라리 의리를 따르다 죽을지언정 구차하게 빌붙어 사는 것이 아니라고 했습니다. 또한 늙은 시어머니를 모시는 일을 끝까지 할 수도 없고, 다른 사람에게 시집가서도 성실할 수 없다면, 장차 어찌 세상 앞에 똑바로 설 수 있겠습니까? 한 사람의 부인이 되었다면 당연히 그의 부모님을 모셔야 합니다. 남편이 불행히도 먼저 죽어서 아들된 도리를 다하지 못했는데, 지금 저까지 떠나서 노모를 모시지 못하면 어떻겠습니까. 이는 남편의 불초함을 알리고, 저의 불효를 드러내는 일입니다. 효도를 하지 못하고 믿음도 저버리며, 또한 의리까지 지키지 못한다면 어찌 살아가겠습니까?"

말을 마치고 자살하려 하자, 그의 부모는 두려워져서 감히 딸에게 재가하라고 권하지 못했다. 효부는 마침내 28년간 시어머니를 모셨고, 시어머니는 여든넷이 되도록 천수를 누렸다. 효부는 밭과 집을 팔아 장례를 지냈고 죽을 때까지 시어머니의 제사를 지냈다.

회양(淮陽)의 태수(太守)가 이 일을 듣고 한(漢)나라 효문황제(孝文皇帝)에게 보고했다. 황제는 부인의 의리를 높이 칭송했고, 그 신념을 존경했으며, 행실이 뛰어나다고 여겼다. 사자를 보내 황금 40근을 하사했고, 종신토록 세금과 부역을 면제해주면서 호를 효부라 했다.

군자가 말했다.

"효부는 부인의 도리를 갖추었다."

『시경』에서 "저 곧은 사람은 마음가짐이 성실하고 깊네"라고 한 것은 이를 이르는 말이다.

송하여 말한다.

효부는 진나라에 살았는데, 남편이 죽고 자식이 없었네.

어머니가 딸을 시집보내려고 했지만 끝내 어머니의 말을 따르지 않았네.

오로지 마음을 다해 시어머니를 모셨고, 한번 시집가서는 재가하지 않았네.

성왕이 이를 훌륭히 여겨 호를 효부라 했네.

절의전

節
義
傳

절개를 지키고 의리를 따른 여인들

사애(私愛)를 버리고 공도(公道)를 선택하다

「정순전」이 한 남편에 대한 정절을 강조했다면, 「절의전」에서 '절개'는 '의리'라는 개념과 결합해 더욱 포괄적인 의미를 함축한다. 「절의전」에 나온 여인들이 지키고자 했던 절개는 나라 혹은 왕, 주인에 대한 충성, 형제간의 의리, 약속에 대한 믿음 등이다. 충(忠), 의(義), 신(信) 이 세 가지 미덕은 모두 혼자서 지킨다고 이룰 수 있는 게 아니며, 상대와의 관계 속에서 형성된다. 그러므로 사(私)가 아니라 공(公)의 영역이다.

그런데 늘 어려운 선택 상황에 직면하면서부터 문제가 시작된다. 개인을 먼저 생각할 것인가, 아니면 자신을 희생하더라도 공적인 도리를 따를 것인가. 더욱이 목숨이 오가는 급박한 상황에서 공적인 도리를 지키기란 쉽지 않다. 하지만 「절의전」의 여인들이 모든 판단 앞에서 근거로 삼았던 첫 번째 조건은 사애(私愛)를 버리고 공도(公道)를 따르는 것이었다. 그들의 선택에는 틀림이 없었고, 자신의 이익, 심지어 목숨까지 내던지며 도리를 지키고자 했다.

절개를 지켜 충성을 다하다

「모의전」에서 맹자의 어머니는 부인의 예란 "규방 안의 일만 수행하지, 규방 밖의 일에는 마음을 두지 않는다"라고 했다. 그저 음식을 장만하고 술이나 장을 담글 뿐, 바깥 사회의 공적인 질서에 대해서는 관심조차 두지 않는 것이 부인의 도리라 했다. 그렇게 볼 때, 지극히 사적인 공간에 머물러 있는 여인과 공적인 도리, 특히 충성을 연결하기란 그리 간단해 보이지 않는다. 그러나 유향은 전쟁에 나가거나 정치에 직접 참여하지 않아도, 규방의 여성이 충성을 실현할 수 있는 다양한 상황을 제시하고 있다.

노나라 효공이 어렸을 때, 큰형인 괄의 아들 백어가 궁궐에서 난을 일으켰다. 백어는 후환을 남기지 않으려고 어린 공자 효공을 찾아 죽이려 했다. 효공의 보모는 이 사실을 알고 자신의 아들에게 효공의 옷을 입혀 효공의 처소에 눕혀놓고, 자신은 효공을 안고 도망갔다. 효공은 살아났지만, 효공 대신 보모의 아들이 죽었다. 현실적으로 보모는 아들을 죽게 한 잔인한 어머니이지만, 자신을 희생하고 공적인 도리, 즉 충성을 실현한 인물로 평가된다.

위나라 공자의 보모는 이보다 더욱 비극적인 상황에 처했다. 진나라가 위나라를 무너뜨린 뒤 모든 공자들을 죽였는데, 어린 공자 한 명만 죽이지 못했다. 진나라는 공자를 찾기 위해 현상금을 걸었고, 숨겨주는 자는 일족을 멸한다는 명을 내렸다. 유모는 이 사실을 알고는 어린 주군을 안고 도망갔다. 가는 길에 마주친 위나라 대신은 유모에게 공자를 내주면 큰돈을 벌 수 있고 일족이 멸하는 사태도 면할 것이라고 회유했다.

그래도 유모는 끝까지 마음이 흔들리지 않았다. 이익을 위해 윗사람을 배반하는 것은 역(逆)이고, 죽음이 두려워 의리를 저버리는 것은 난(亂)이니, 역란을 행하고는 살 수 없다고 했다. 유모는 주군에 대한 절개와 의리를 지키기 위해 깊은 산속으로 도망갔다. 하지만 그 절박함이 공자의 목숨까지 구할 수는 없었다. 진나라 군대는 공자와 유모를 발견하고 수많은 활을 쏘아댔다. 유모는 등에 화살 수십 발이 박힌 채 공자를 안고 함께 죽었다. 끔찍한 상황이었겠지만, 어린 공자는 유모가 있어서 그나마 위안을 받았을 것이다.

융이 합나라를 정벌해 그 왕을 죽이고는, 자결하는 자는 처자까지 모두 죽이겠다는 명을 내렸다. 편장인 구자가 자결을 시도했지만 주위 사람들이 발견한 탓에 뜻을 이루지 못했다. 처참한 마음으로 집으로 돌아가자, 그의 부인은 살아 돌아온 남편을 매섭게 다그쳤다. 구자는 자신도 자결하고 싶지만 처자를 생각하면 차마 그럴 수 없다고 말했다. 그러자 아내는 사사로운 애정에 연연해 치욕스럽게 사느니 왕에 대한 충성을 지키며 죽는 편이 낫다면서 자살했다.

왕은 아니지만 주인에게 충성을 다 바친 시녀도 있다. 위나라의 주보는 주나라 대부로, 벼슬살이한 지 2년 만에 고향으로 돌아왔다. 그 사이에 아내는 다른 사내와 사통을 하고 있었고, 아내는 남편을 독살할 계획을 짰다. 아내가 시집오면서 데리고 온 시녀가 이를 눈치챘다. 하지만 독주를 올려 주보를 죽게 할 수도 없었고, 발설해서 주모를 죽게 할 수도 없었다. 시녀는 망설이다가 결국 독이 든 술병을 엎어버렸다. 주모는 시녀가 자신의 비밀을 발설할까 봐 매질을 해서 죽이려고 했다. 시녀는 자신이 죽을 것을 예감하고도 끝내 주보에게 사실을 알리지 않았다. 나중에 주모는 계략이 드러나 태형을 받아 죽었고, 주보는 시녀의 의리를 높이 사서 아내로 삼으려고 했다. 그러자 시녀는 주인이 죽었는데 혼자 사는 것은 무례(無禮)이고 주인의 자리를 차지하는 것은 역례(逆禮)라며 사양했다.

자신이 모시는 공자를 살리기 위해 자식을 희생시킨 유모, 이익을 위해 배신하지 않고 주군을 지키다 함께 죽은 유모, 전쟁에서 패하고 죽임을 당한 왕을 위해 자살하는 장군의 아내, 죽음을 무릅쓰고 주인을 향한 충정을 지킨 시녀……. 이들의 절개가 망해가는 나라를 구하거나 세상을 움직이는 대단한 힘이 될 수 있는 건 아니다. 하지만 누가 한낱 여인이라고 하여 충성을 모르고 공적인 도리를 무시하며 사적인 일에만 관심을 가진다고 말할 수 있겠는가. 비겁하게 배신하는 대신이나 죽을 용기도 없었던 장군보다 더 단호하게 충성을 지킨 사람들, 인간이 행해야 할 도리를 당당하게 보여준 이들은, 다름 아닌 규방의 여인들이었다. 유향은 "무릇 명예란 미미하다고 사람들에게 알려지지 않는 것이 아니고, 행실은 숨긴다고 드러나지 않는 것이 아니다"라고 했다. 힘없는 여인의 몸으로 절개를 다하고 진정한 충성을 바친 그들의 이야기는 그래서 더욱 아름다운 일화로 전해지고 있다.

살신성인의 정신으로 의리를 지켜내다

공적인 도리를 지키기란 쉽지 않다. 그것이 늘 선택의 순간과 함께 다가오기 때문이다. 절체절명의 순간, 어떤 것을 버리고 어떤 것을 선택할지 판단해야 하는 순간, 그의 사람됨이 그대로 드러나는 법이다. 굳건한 절개로 의리를 지키고자 했던 「절의전」의 여인들은 추호도 망설이지 않고 살신성인하고, 죽음으로 자신의 의리를 증명해 보이기도 했다.

노나라 국경에 사는 어느 시골 부인은 제나라 군대가 공격해 오자 아이들과 함께 도망갔다. 한 아이는 안고 한 아이는 손으로 붙들었다.

제나라 군대가 가까이 추격해 오자 부인은 안고 있던 아이는 내려놓고 손을 잡고 가던 아이를 안고 달아났다. 제나라 장군이 쫓아가서 사정을 물었다. 알고 보니 버리고 간 아이는 자신의 자식이고, 안고 달아난 아이는 오빠의 아이였다. 장군이 의아해하면서 이유를 물었다. 그러자 부인은 자기 자식을 살리는 것은 사적인 사랑이고, 오빠의 아이를 살리는 것은 공적인 의무라고 대답했다. 자식이 아무리 귀해도 공적인 도리를 저버리는 사람은 세상을 살아갈 가치가 없다고. 이 말을 들은 제나라 장군은 깊은 감명을 받았고, 노나라는 무력으로 정복할 수 없는 곳이라는 상서를 왕에게 올렸다. 한 시골 아낙의 의로운 행위가 나라의 재앙까지 막은 셈이다.

어느 날 제나라에서 살인 사건이 일어났다. 현장에 두 명의 형제가 있었는데, 서로 자기가 죽였다면서 혼자서 죄를 감당하려고 했다. 1년이 지나도 결론이 나지 않자, 왕은 그들의 어머니를 불러서 사실을 알아보았다. 왕은 결정을 내릴 수 없으니 둘 중 누구를 죽일지 어머니에게 정하라고 했다. 그러자 어머니는 비통하게 울면서 작은아들을 죽이라고 말했다. 알고 보니 큰아들은 전처가 낳은 자식이고, 작은아들은 자기가 낳은 자식이었다. 왕이 이유를 묻자 어머니는 공적인 의무를 지켜야 하는 인간의 도리에 대해 말했다. 남편이 죽기 전에 큰아들을 잘 키워달라고 부탁했고, 이미 그러마고 약속을 했다는 것이다. 사사로운 애정으로 남편과의 의리를 어길 수 없으니 작은아들을 죽이라고. 감동받은 왕은 두 형제를 모두 사면해주었다.

경사의 어떤 사람에게는 원수가 있었다. 원수가 복수를 하려고 기회를 엿보다가, 장인을 협박해 딸이 중간에서 염탐할 것을 강요했다. 거절하면 자기 아버지가 죽을 것이고, 협조하면 남편이 죽을 게 뻔했다. 딸은 어느 쪽도 선택할 수 없어 차라리 자신이 대신 죽고자 했다. 남편에게는 다른 곳에 가 있게 하고, 자신은 원수와 약속한 장소에서 남편인 것처럼 가장해 기다리고 있다가 죽임을 당했다. 원수가 나중에 이 사실을 알고, 여인의 의로움에 감동해 복수를 그만두었다.

합양의 계아는 남편이 자신의 오빠를 죽인 것을 알고 선택의 기로에 섰다. 오빠를 위해 복수를 하려면 남편을 죽여야 하고, 모른 척하며 화목하게 살자니 오빠에 대한 의리를 저버리는 셈이었다. 남편은 계아에게 자신을 죽이라고 했다. 하지만 어느 편도 늘 수 없었던 계아는 스스로 목숨을 끊는다. 살아남은 남편은 아마도 평생 부끄러움을 안고 살아갔을 것이다. 그것이야말로 계아가 할 수 있는 가장 처절하고 끔찍한 복수가 아니었을까.

태산 같은 마음으로 신념을 굳히다

부부가 아무리 가까운 사이라도 서로가 지켜야 할 도리와 약속이 있다. 남편에 대한 절개란 반드시 죽음으로써 지켜내야 하는 거창한 것이 아니다. 흔들리지 않은 마음으로 약속을 끝까지 지키는 것, 그것만으로도 절개를 완성할 수 있다.

진나라 태자 어는 타국에 볼모로 잡혀 있으면서 목공의 딸 회영을 아내로 삼았다. 어는 6년간 볼모로 있으면서 늘 고국으로 도망갈 궁리를 했다. 드디어 기회가 생기자, 어는 회영에게 함께 가자고 청했다. 남편을 따라 떠나면 아버지와 고국에 대한 불충이 되고, 남편의 탈출 계획을 발설하면 아내로서 불의를 저지르는 꼴이었다. 회영은 결국 남편을 따라가지 않았고, 다른 사람에게 그 계획을 알리지도 않았다. 어느 곳에도 치우지지 않은 결단, 그 신념 때문에 충과 의를 모두 지킬 수 있었다.

노나라 추호자는 혼인한 지 닷새 만에 집을 떠나 진나라에서 벼슬살이를 했다. 5년 만에 집으로 돌아오는 길. 그는 도중에 뽕 따는 아낙을 보고 수레에서 내려 유혹했다. 그런데 집으로 돌아와 부인을 보니 방금 뽕밭에서 유혹했던 그 아낙이었다. 부인은 부모에게 효성을 다하지 않고, 가정을 다스리는 데 의롭지 못한 남편을 보며, 그가 나랏일도 제대로 하지 못할 것이라고 판단했다. 치욕과 절망에 사로잡힌 부인은 스스로 강물에 빠져 죽었다. 부부간의 신념이 무너지면 모든 것이 무너진다. 공자는 일찍이 "선한 것을 보면 아직 거기까지 미치지 못한 듯이 하고, 선하지 않은 것을 보면 뜨거운 탕에 손을 넣듯 하라"(『논어』「계씨季氏」)라고 했다. 그런데 추호자는 어찌 이를 마음에 새기지 않았는가? 의로운 부인만 부끄러움을 참지 못하고 자살하고 말았으니, 너무도 안타까운 일이다.

자식을 희생해 효공을 살려내다

··

효의보(孝義保)는 노(魯)나라 효공 칭(稱)의 보모이자 장씨(臧氏)의 과부이다. 처음에 효공의 아버지 무공(武公)이 장남 괄(括)과 차남 희(戲)와 함께 주(周)나라 선왕(宣王)을 알현하러 갔는데, 선왕이 차남인 희를 노나라 태자로 삼았다. 무공이 붕어하고 희가 왕의 자리에 올랐으니, 이 사람이 의공(懿公)이다. 효공은 당시 공자 칭으로 불렸는데, 나이가 가장 어렸다. 의보는 자신의 아들과 함께 궁으로 들어가 공자 칭을 키웠다. 괄의 아들 백어(伯御)가 노나라 사람과 난을 일으켜 의공을 공격하여 죽이고 스스로 왕이 되었다. 그러고는 궁에 있는 공자 칭을 찾아서 죽이고자 했다.

의보는 백어가 칭을 죽이려 한다는 말을 듣고, 자신의 아들에게 칭의 옷을 입히고 칭의 처소에 누워 있게 했다. 백어는 의보의 아들을 죽였다. 의보는 그사이 칭을 안고 궁 밖으로 나왔다. 밖에서 칭의 외숙부인 노나라 대부를 만났다.

외숙부가 물었다. "칭은 죽었소?"

의보가 말했다. "죽지 않았습니다. 여기 있습니다."

"어떻게 살아남은 것이오?"

"제 아들과 바꾸었습니다."

의보는 마침내 칭과 함께 멀리 도망갔다.

노나라 대부들은 11년이 지나서야 모두 칭이 의보와 함께 있다는 사실을 알게 되었다. 그들은 주나라 천자에게 청해 백어를 죽이고 칭을 왕으로 세웠다. 이 사람이 바로 효공이다.

노나라 사람들은 의보를 높이 칭송했다. 『논어』에 "육 척의 어린 임금을 맡길 수 있다"라고 했으니 의보를 이르는 말이다.

송하여 말한다.

백어의 난은 노나라 궁궐에서 시작되었네.

효공의 보모는 장씨의 어머니였네.

효공을 데리고 도망가 숨기고, 자신의 아들과 바꾸었네.

보모가 이와 같으니, 역시 진실로 믿고 의지할 만하네.

아버지와 남편에 대한
의리를 지켜내다

∙ ∙

회영(懷嬴)은 진(秦)나라 목공(穆公)의 딸이자 진(晉)나라 혜공(惠公)의 태자 어(圉)의 비이다. 어가 진(秦)나라에 볼모로 잡혀 있을 때, 목공이 딸 회영을 아내로 맞게 했다.

6년이 지나고 어가 진(晉)나라로 도망가려 하면서 회영에게 말했다.

"내가 고국을 떠나온 지 몇 년이 되었는데, 그대의 아버지는 나를 가까이하지도 않고, 진(秦)나라와 진(晉)나라의 우의가 더욱 돈독해진 것도 아니오. 무릇 새는 날아서 고향으로 돌아가고, 여우는 죽을 때 고향의 언덕으로 머리를 향한다고 했소. 만일 내가 진(晉)나라에 내 머리를 두고 죽으려 한다면, 그대는 나와 함께 떠나겠소?"

회영이 대답했다.

"당신은 진(晉)나라의 태자로 진(秦)나라에 와서 곤욕을 치르고 있으니, 고국으로 떠나고 싶은 것은 인지상정입니다. 비록 그렇다고 하더라도, 왕께서는 저에게 아내가 되어 당신을 모시도록 했습니다. 당신을 잘 달래어 붙들어두라는 이유에서였습니다. 그런데 지금 제가 당신을 붙들 수 없으니, 이는 제가 불초해서입니다. 만약 당신을 따라 진나라로 간다면 왕을 버리는 셈이고, 당신의 계획을 발설한다면 아내의 도리를 어기는 셈입니다. 세 가지 가운데 제가 할 수 있는 것은 아무것도 없네요. 비록 제가 따라갈 수는 없지만 당신은 어서 떠나십시오. 저는 감히 알리지도 않고 따라가지도 않을 겁니다."

태자 어는 결국 진나라로 도망갔다.

군자가 말했다.

"회영은 부부간의 문제를 잘 처리했다."

송하여 말한다.

진(晉)나라 어는 진(秦)나라에 볼모로 잡혀 있으면서, 회영을 아내로 맞았네.
어가 회영과 함께 도망가려고 했지만, 회영은 따라가지 않았네.
또한 사실을 알리지도 않고, 마음을 매우 굳게 먹었네.
남편이 간 곳을 알리지 않았으며, 한쪽 편만 들지도 않았네.

왕에 대한 충정을 지켜
목숨을 끊다

··

합(蓋)나라 편장(偏將) 구자(邱子)의 아내 이야기다.

융(戎)이 합나라를 정벌해 그 왕을 죽이고 합나라의 여러 신하들에게 명했다.

"자살하는 자가 있으면 처자까지 모두 죽이겠다."

구자가 자살하려 했지만 사람들이 구해 죽을 수 없었다. 그러고는 집으로 돌아왔는데 아내가 말했다.

"제가 듣기로 장군이 절개 있고 용감하며 목숨을 구걸하지 않으면, 병사와 백성도 온 힘을 바쳐 싸우며 죽음을 두려워하지 않는다고 합니다. 이 때문에 전쟁에서 이기고 공격에 성공해, 나라를 보존하고 왕을 안전하게 모실 수 있는 것입니다. 무릇 전쟁터에 나가 용맹을 잊으면 효가 아니고, 왕이 죽었는데 따라 죽지 않으면 충이 아닙니다. 이미 군대

가 패하고 왕이 죽었는데 왜 당신만 살아남았습니까? 충효를 몸소 실천
하지 않고 어찌 차마 집으로 돌아올 수 있었습니까?"

구자가 말했다.

"합나라는 작고 융은 강대하오. 내가 힘과 능력을 다 썼지만, 왕께서
불행히도 붕어하셨소. 나도 정말로 죽으려고 했지만 사람들이 구해줘
서 죽을 수 없었소."

아내가 말했다.

"그때는 구해준 사람이 있었다고 해도 지금은 왜 죽지 않으십니까?"

구자가 말했다.

"내가 내 몸을 아껴서 이러는 것이 아니라오. 융이 명하기를, 자살하는 자는 그 처자까지 죽인다고 했소. 이 때문에 죽지 못하는 것이오. 더구나 내가 지금 죽는다고 한들 왕에게 무슨 도움이 되겠소?"

아내가 말했다.

"제가 듣기로 왕에게 우환이 생기면 뭇 신하가 굴욕을 당하고, 왕이 굴욕을 당하면 뭇 신하는 죽어야 한다고 했습니다. 지금 왕이 죽었는데도 당신은 죽지 않으니 의(義)라고 할 수 있겠습니까? 많은 병사와 백성을 희생시키고도 나라를 보존하지 못한 채 혼자 살았으니 인(仁)이라고 할 수 있겠습니까? 처자를 사랑해서 인의를 잊은 채 옛 왕을 저버리고 강포한 침략자를 섬기면 충(忠)이라고 할 수 있겠습니까? 충신의 도리와 인의의 행실을 다하지 않는데 현(賢)이라고 할 수 있겠습니까?

『주서(周書)』에 이르기를, '왕을 먼저 하고 신하를 나중으로 하며, 부모를 먼저 하고 형제를 나중으로 해야 한다. 형제를 먼저 하고 친구를 나중으로 하며, 친구를 먼저 하고 처자를 나중으로 해야 한다'라고 했습니다.

처자를 아끼는 마음은 사사로운 애정이고 왕을 모시는 것은 공적인 도리입니다. 지금 당신은 처자를 아끼는 마음에 신하 된 자의 절조를 잊어버리고, 왕을 모시는 예를 행하지 않으며, 충신의 공적인 도리를 저버렸습니다. 처자를 아끼는 사사로운 애정만 따르다가 구차하게 산다면 저 같은 여인네한테도 수치스러운 일인데, 하물며 당신은 어떻겠습니까? 저는 당신과 함께 수치스러움을 느끼며 살 수 없습니다."

아내는 끝내 자살하고 말았다. 융왕이 이를 높이 칭송하면서 태뢰(太牢)로 제사를 지내고 장군의 예로 장례를 치러주었다. 동생에게는 금 백일을 하사하고, 경(卿)으로 삼아 합 지역을 따로 다스리게 했다.

군자가 말했다.

"합나라 장군의 아내는 결백하면서 도리를 잘 지켰다."

『시경』에 "훌륭한 군자는 그 덕이 사악하지 않네"라고 했으니 이를 이르는 말이다.

송하여 말한다.

합나라 장군의 아내는 굳건하면서도 순수하게 절개를 지켰네.

융이 이미 합나라를 멸망시켰는데, 구자는 홀로 살아남았네.

아내는 남편이 죽지 않음을 수치스럽게 여겨 다섯 가지 영예를 두루 설명했네.

남편을 위해 먼저 죽으니, 끝내 아름다운 이름을 남겼네.

자식을 버리고 조카를 살리다

..

의고자(義姑姊)는 노나라 시골에 사는 부인이다. 제나라가 노나라를 공격해 와 교외에 이르렀다. 제나라 장군이 멀리서 보니 어느 부인이 아이 하나는 안고, 또 다른 아이 하나는 손으로 붙잡고 가고 있었다. 군대가 쫓아가니 부인은 안고 있던 아이를 버리고, 손을 붙잡고 가던 아이를 안은 채 산으로 도망갔다. 아이가 울면서 따라갔지만 부인은 끝내 돌아보지 않고 도망갔다.

제나라 장군이 아이에게 물었다.

"도망간 사람이 네 어머니냐?"

아이가 대답했다.

"그렇습니다."

"그렇다면 어머니가 안고 간 아이는 누구냐?"

아이가 대답했다.

"모릅니다."

이에 제나라 장군은 부인을 뒤쫓게 했다. 군사들이 활을 겨누며 경고했다.

"멈춰라! 멈추지 않으면 활을 쏘겠다."

그러자 부인은 할 수 없이 돌아왔다.

제나라 장군이 물었다.

"안고 있는 아이는 누구고 버린 아이는 누구냐?"

부인이 대답했다.

"안고 있는 아이는 제 오라버니의 아이이고 버린 아이는 제 아이입니다. 군대가 몰려오는 것을 보고 제 힘으로 두 아이 모두 지킬 수 없어서 제 아이를 버렸습니다."

제나라 장군이 말했다.

"어미에게 자식이란 아끼고 사랑하는 대상이고, 마음을 애태우게 하는 존재인데, 지금 그대는 자식을 버리고 도리어 오라버니의 아이를 안고 갔구나. 어째서 그런 것이냐?"

부인이 말했다.

"제 자식에 대한 사랑은 사사로운 애정이고 오라버니의 자식을 지키는 것은 공적인 도리입니다. 공적인 도리를 저버리고 사적인 정을 좇아, 오라버니의 자식을 잃고 제 자식을 살린다면 어떻게 되겠습니까. 요행히 살 수 있다고 해도, 노나라 왕께서 저를 받아주지 않고, 대부는 저를 다스리지 않으며, 백성은 저와 함께하지 않을 겁니다. 이와 같이 된다면 어깨를 움츠려도 들어갈 곳이 없고, 발을 포개도 디딜 곳이 없을 겁니다. 비록 자식 때문에 마음 아파도, 어찌 공적인 도리를 따르지 않을 수 있겠습니까? 이 때문에 모질게 자식을 버려가며 도리를 행하는 것입니다. 도리를 저버리면 노나라에서 살 수 없습니다."

이에 제나라 장군은 병사들의 행동을 제지하고, 제나라 왕에게 사람을 보내 말했다.

"노나라는 정벌할 수 없습니다. 국경에 이르러 산골에 사는 부인을 만났는데, 그런 사람마저도 절개를 지키고 도리를 행하며 사사로운 마음으로 공적인 일을 그르치면 안 된다는 사실을 알고 있었습니다. 하물며 조정의 신하와 사대부는 어떻겠습니까? 돌아가기를 청합니다."

제나라 왕이 이를 허락했다. 노나라 왕은 이 소식을 듣고 부인에게 속백(束帛) 백 단(端)을 하사하고, 호를 의고자라고 했다.

의고자는 공정하고 성실하며 신의가 있어 도리를 행하는 데 단호했다. 무릇 도리란 그 힘이 미치는 영향력이 매우 크다. 비록 한낱 필부(匹婦)에게 일어난 일이지만, 온 나라가 오히려 부인에게 의지했다. 하물며 예의로 다스리는 나라라면 어떻겠는가?

『시경』에 "훌륭한 덕행이 있으면 사방의 나라에서 따르네"라고 한 것은 이를 이르는 말이다.

송하여 말한다.

제나라 왕이 노나라를 공격했는데 의고자는 절개가 있었네.

군대를 보고 산으로 도망가면서 자식을 버리고 조카를 안고 갔네.

제나라 장군이 까닭을 묻고는 도리를 지키는 모습을 높이 칭송했네.

일개 부인이 도리를 행하니 제나라 병사가 마침내 전쟁을 멈추었네.

의붓아들 대신 친아들에게 벌을 주다

· ·

제(齊)나라 의계모(義繼母)는 아들 둘을 둔 어머니이다.

선왕(宣王) 때에 어떤 사람이 길에서 다투다가 죽었다. 관리가 조사해보니 다른 사람에게 찔려 죽은 사건이었다. 마침 두 형제가 사건 현장에 있어서 관리가 심문했더니 형이 대답했다.

"제가 죽였습니다."

그러자 동생이 말했다.

"범인은 형이 아닙니다. 제가 죽였습니다."

일 년이 되었는데도 관리가 판결을 내리지 못해 재상에게 보고했지만, 재상도 별다른 뾰족한 방도가 없었다. 재상이 왕에게 보고하자 왕이 말했다.

"지금 모두 사면하면 죄 지은 사람을 놓아주는 셈이고, 모두 죽이면

무고한 사람을 죽이는 셈이다. 과인이 생각하기에 그들의 어머니는 아들들의 선악을 알 수 있을 것 같다. 어머니를 불러다가 물어보고, 누구를 살리고 누구를 죽일 것인지 들어보도록 하라."

그러자 재상이 어머니를 불러 물었다.

"그대의 아들이 사람을 죽였다. 형과 아우가 서로 대신 죽겠다고 해 관리가 판결을 내리지 못하고 왕께 보고했지. 왕께서 어질고 지혜로우신지라 누구를 죽이고 살릴 것인지 어머니에게 직접 물어보라고 하셨다."

어머니가 울면서 대답했다.

"작은아들을 죽이십시오."

재상이 그 말을 듣고 물었다.

"보통 사람들은 작은아이를 아끼는데, 지금 자네는 둘째 아들을 죽이라고 하니 왜 그런가?"

어머니가 대답했다.

"작은아들은 제 아들이고, 큰아들은 전처의 아들입니다. 그의 아버지가 병이 들어 죽을 때, 저에게 큰아들을 잘 키워달라고 부탁했고, 저는 그렇게 하겠다고 약속했습니다. 이미 다른 사람의 부탁을 받아 승낙했는데, 어찌 이제 와서 약속을 저버릴 수 있겠습니까? 또한 형을 죽이고 동생을 살린다면, 이는 사사로운 애정으로 공적인 도리를 어기는 꼴입니다. 약속을 저버리고 믿음을 잊으면, 죽은 자를 속이는 셈입니다. 무릇 약속을 어기고 이미 허락한 것을 지키지 않으면, 어떻게 세상을 살아가겠습니까? 비록 자식을 잃으면 마음이 아프겠지만, 어찌 도리를 행하지 않을 수 있습니까?"

눈물이 흘러 옷깃을 적셨다.

재상이 왕에게 보고하자, 왕은 그의 의리를 칭송하고, 행실을 높이 사서 모두 사면하여 죽이지 않았다. 어머니에게는 의모(義母)라는 존호를 내렸다.

군자가 말했다.

"의모는 신의가 있고 도리를 잘 따랐으며, 청렴하고 겸양할 줄 알았다."

『시경』에 "점잖은 군자여! 사방에서 모범으로 본받네"라고 했으니 이를 이르는 말이다.

송하여 말한다.

의모는 신의가 있고 성실했으며 공정하고 예를 알았네.
친아들과 의붓아들이 죄를 지었다고 서로 양보하기를 그치지 않았네.
관리가 판결을 내릴 수 없자 왕이 이 때문에 그들의 어머니에게 물었네.
신의를 따르고 도리를 행하니, 마침내 두 아들을 사면해주었네.

부부의 도리를 저버린 남편을
용납하지 않다

• •

결부(潔婦)는 노나라 추호자(秋胡子)의 아내이다. 추호자가 아내를 맞아들인 지 5일 만에 집을 떠나 진(陳)나라에서 벼슬살이를 하다가 5년 만에 집으로 돌아왔다. 도중에 길옆에서 어떤 부인이 뽕을 따고 있는 모습을 보고, 그 부인이 마음에 들어 수레에서 내려 말했다.

"땡볕 아래에서 뽕을 따고 있으니 얼마나 힘드오? 나도 먼 길을 가는 차인데, 뽕나무 그늘 아래에서 밥도 먹고 짐도 내리고 쉬는 게 어떻겠소?"

부인이 들은 척도 않고 계속 뽕을 따자 추호자가 다시 말했다.

"힘써 밭을 갈아도 풍년을 한 번 만나는 것만 못하고, 힘써 뽕을 따도 공경(公卿)을 한 번 만나는 것만 못하다오. 나에게 금이 있는데 이걸 부인에게 주고 싶구려."

부인이 말했다.

"아! 뽕을 따며 열심히 일하고 실을 자아 옷감을 짜는 것은 옷과 음식을 공양해 양친을 봉양하고 남편을 모시기 위해서입니다. 저한테는 금이 필요 없습니다. 경께서는 다른 뜻을 품지 않기를 바랍니다. 저 역시 음란한 행동을 할 생각이 없습니다. 짐과 금이 든 상자를 거두어 가시지요."

추호자는 할 수 없이 그대로 길을 떠났다. 집으로 가서 어머니에게 금을 바치고, 사람을 시켜 아내를 불러오게 했다. 그런데 놀랍게도 조금 전 만났던 뽕 따는 부인이 바로 아내였다. 추호자가 부끄러워하자 아내가 말했다.

"당신은 성인이 되어 몸과 마음을 닦아, 어머니에게 이별을 고하고 벼슬살이하러 간 지 5년 만에 돌아왔습니다. 기쁜 마음에 먼지를 날리며 빨리 달려와야 마땅하지요. 그런데 지금 도리어 길가의 부인을 보고 마음이 동해 짐을 내려놓고 금까지 주겠다고 했으니, 이는 어머니를 잊은 행위입니다. 어머니를 잊었으니 불효이고, 색에 빠져 음란한 생각을 품었으니 더러운 행위라 하지 않을 수 없습니다. 더러운 행위는 도리가 아닙니다. 무릇 부모님을 모실 때 불효하면 임금을 모실 때도 불충하기 마련입니다. 집안을 다스릴 때 도리를 지키지 않으면, 나랏일을 할 때도 이치에 맞지 않을 겁니다. 효와 도리가 모두 무너졌으니, 당신은 분명 어떤 일도 해내지 못할 것입니다. 저는 차마 그 꼴은 보지 못하겠습니다. 당신은 다시 장가드십시오. 저는 재가하지 않겠습니다."

그러고는 집을 떠나 동쪽으로 가서 강물에 빠져 죽었다.

군자가 말했다.

"결부는 선을 행하는 데 뛰어났다."

무릇 불효 가운데 자신의 부모를 사랑하지 않고 다른 사람을 사랑하는 것보다 더 큰 불효는 없다고 했는데, 이는 바로 추호자를 이른다.

군자가 말했다.

"선한 것을 보면 아직 거기까지 미치지 못한 듯이 하고, 선하지 않은 것을 보면 뜨거운 탕에 손을 넣듯 하라고 했다. 이는 추호자의 부인을 가리키는 말이다."

『시경』에 "다만 마음이 옹졸하고 편협하니 이 때문에 풍자하게 되네"라고 했으니 이를 이르는 말이다.

송하여 말한다.

추호자가 서쪽으로 벼슬살이하러 갔다가 5년 만에 돌아왔네.

아내를 보고도 알아보지 못하고 마음속으로 음란한 생각을 품었네.

아내가 딴마음을 품지 않아, 돌아와서 보니 이미 서로 아는 사람이었네.

남편이 도리를 지키지 않은 것을 부끄러워하여, 끝내 동쪽으로 가 강물에 빠져 죽었네.

독주를 엎어 주인에게 충성하다

••

주(周)나라 주충첩(主忠妾)은 주나라 대부의 아내가 시집올 때 데리고 온 시녀였다. 대부는 호를 주보(主父)라 했다. 위(衛)나라 사람으로, 수나라에서 벼슬살이를 하다가 2년 만에 돌아왔다. 그사이 그의 아내는 이웃 사내와 정을 통하고 있었다. 어느 날 이웃 사내가 남편이 둘의 관계를 알게 될까 봐 두려워하며 걱정하자 아내가 달랬다.

"걱정하지 마세요. 내가 독을 탄 술을 준비해서 잘 봉해놓고 기다리는 중이에요."

사흘 만에 주보가 도착하자 아내가 말했다.

"고생하신 당신을 위해 제가 술을 준비해 올리겠습니다."

그러고는 시녀에게 술을 가져와 올리게 했다. 시녀는 그것이 독주인 것을 마음속으로 짐작하고 있었다. 생각해보니, 술을 올려 주보가 죽으면 불의가 되고, 사실대로 말해 주모(主母)가 죽으면 불충이 되었다. 한참 머뭇거리다가 발에 걸려 넘어지는 척하며 술을 엎질렀다. 주보는 화가 나서 시녀를 매질했다.

얼마 뒤에 아내는 시녀가 사실을 고할까 두려워, 다른 트집을 잡아 매질하여 죽이려고 했다. 시녀는 자신이 맞아 죽을 것을 알았지만 끝내 사실을 밝히지 않았다. 주보의 동생이 이 일을 듣고 주보에게 모든 사실을 알렸다. 주보는 놀라며 시녀를 풀어주고, 그의 아내를 태형에 처해 죽게 했다.

주보는 사람을 시켜 시녀에게 몰래 물어보았다.

"너는 사실을 알고 있었으면서 어째서 말을 하지 않았느냐? 잘못하다가 죽을 뻔하지 않았느냐?"

시녀가 말했다.

"주인을 죽이고 혼자 살아남으면 이 또한 주인의 이름을 욕되게 하는 일입니다. 제가 죽었으면 죽었지 어떻게 사실대로 고합니까?"

주보가 그 의리를 높이 사고 뜻을 귀하게 여겨 자신의 아내로 맞이하려 했다.

시녀가 사양하며 말했다.

"주인이 욕되게 죽었고 저 혼자 살아남았으니 이는 무례(無禮)이고, 주인의 자리를 대신 차지하는 것은 역례(逆禮)입니다. 예의가 없거나 예를 거스르는 일 가운데 하나만 범해도 충분히 잘못인데, 지금 두 가지를 모두 저질러야 한다면 앞으로 고개를 들고 살 수 없을 겁니다."

말을 마친 시녀는 자살하고자 했다. 주보가 그 말을 듣고 예물을 후하게 내려 나른 곳으로 시집보내려고 하지, 사방에서 다투어 아내로 삼고자 했다.

군자가 말했다.

"충직한 시녀는 어질고 신의가 도타웠다."

무릇 명예란 미미하다고 사람들에게 알려지지 않는 것이 아니고, 행실은 숨긴다고 드러나지 않는 것이 아니다.

『시경』에 "대답 없는 말 없고 보답 없는 은덕이란 없네"라고 했으니 이를 이르는 말이다.

송하여 말한다.

주나라 주보의 충직한 시녀는 자애롭고 존비(尊卑)의 질서를 알았네.

주보의 아내는 음란하고 괴팍해 술에 독을 타서 남편을 죽이려 했네.

시녀에게 술을 올리게 했으나 시녀가 일부러 넘어지면서 재앙을 막았네.

충직하여 주인을 온전하게 하고 끝내 복을 받았네.

죽음을 두려워하지 않고
절개를 지키다

· ·

위(魏)나라 공자의 유모 이야기다. 진(秦)나라가 위나라를 공격해 멸망시키고, 위나라 왕 하(瑕)를 죽였다. 이어 여러 공자들도 죽였지만 한 공자만 죽이지 못했다.

진나라는 위나라에 명을 내렸다.

"공자를 잡아 오는 자에게는 금 천 일을 하사하고, 숨겨주는 자는 멸족하리라."

그러나 절개 있는 유모는 곧바로 공자와 함께 도망갔다.

위나라의 옛 신하가 유모를 알아보고는 말했다.

"유모는 별 탈 없는가?"

유모가 말했다.

"아! 공자를 어찌하면 좋으리까?"

옛 신하가 다시 물었다.

"공자는 어디에 있는가? 내가 듣기로 진나라가 명을 내려, 공자를 잡아 오면 금 천 일을 하사하고 숨겨주면 멸족한다고 했네. 유모가 만일 공자가 있는 곳을 알리면 금 천 일을 받을 수 있지만, 알고도 알리지 않으면 형제들까지 모조리 죽임을 당할 것이네."

"저는 공자가 있는 곳을 모릅니다."

"공자가 유모와 함께 도망갔다고 들었네."

"설령 알고 있다고 해도 죽어도 말할 수 없습니다."

"지금 위나라는 이미 망했고 왕족도 모두 절멸했는데, 그대가 공자를 숨기는 것은 누구를 위해서인가?"

유모가 탄식하며 말했다.

"이로움을 보고 윗사람을 배신하는 것은 역(逆)이고, 죽음을 두려워해 도리를 저버리는 것은 난(亂)입니다. 저는 역란으로 이로움을 구하는 일은 하지 않겠습니다. 무릇 남의 자식을 맡아서 키우기로 했으면, 반드시 살려야지 죽여서는 안 될 일입니다. 어찌 보상을 탐내고, 또 형벌이 두려워 정의를 저버리고 절개에 어긋나게 행동한단 말입니까? 제가 살아 있는 한 공자가 붙잡히게 하는 일은 없을 겁니다."

유모는 마침내 공자를 안고 깊은 산속에 있는 큰 못까지 도망쳤다. 옛 신하가 진나라 군대에 사실을 고하자, 진나라 군대가 쫓아가 발견하고는 마구 화살을 쏘아댔다. 유모는 온몸으로 공자를 감쌌다. 화살 수십 발이 유모의 몸에 꽂혔다. 유모는 그대로 공자와 함께 죽었다.

진나라 왕이 이 이야기를 듣고, 충성과 의리를 지키다 죽은 유모를 높이 칭송해 경(卿)에 해당하는 예우로 장례를 치르고 태뢰로 제사를 지내주었다. 또 그의 오라버니를 총애해 오대부(五大夫)에 임명하고 금 백 일을 하사했다.

군자가 말했다. "절개 있는 유모는 자애롭고 너그러웠으며 의리를 중시하고 재물을 경시했다."

예에 따르면, 궁중에서 아이를 거처하게 할 때, 여러 어머니와 유모를 선택했다. 반드시 너그럽고 어질며 자애로운 사람, 온화하고 부드러우며 공경하는 사람, 신중하고 말이 적은 사람을 선택해 아이의 스승으로 삼았고, 그다음은 자모(慈母), 그다음은 유모로 삼았다. 모두 아이와 같은 방에 기거하며 잘 키워 몸을 보전하게 했다. 다른 사람은 특별한 일이 아니면 아이에게 다가가지 못하게 했다. 무릇 자애롭기에 사랑도 할 수 있는 법이다. 젖 먹이는 개는 호랑이에게도 덤벼들고, 알을 품은 닭은 살쾡이와도 싸우니, 은애는 마음속에서 우러나오는 법이다.

『시경』에 "길가에 죽은 사람 있으면 누군가는 묻어주기도 한다네" 라고 했으니 이를 이른다.

송하여 말한다.

진나라가 이미 위나라를 멸망시키고, 현상금을 걸어 그 자손을 잡고자 했네.
공자와 유모는 함께 도망갔네.
유모는 절개를 지키며 주군을 모셨고, 이로움을 위해 배반하지 않았네.
끝내 죽음도 두려워하지 않아, 이름이 후세까지 전해졌네.

오라버니와 남편에 대한
의리를 지키다

••

    우제(友娣)는 합양읍(郃陽邑) 임연수(任延壽)의 아내로, 자는 계아(季兒)이고 세 자녀를 두었다.

    어느 날 계아의 오빠 계종(季宗)이 아버지의 장례 문제로 연수와 다투는 일이 있었는데, 연수는 친구인 전건(田建)과 함께 몰래 계종을 죽였다. 이후 전건만 처벌을 받아 죽고, 연수는 사면되어 풀려났다.

    연수가 돌아와 계아에게 사실을 밝히자 계아가 말했다.

    "아! 왜 지금에 와서야 말씀하시는 겁니까?"

    그러고는 옷가지를 챙겨 떠날 준비를 하고 물었다.

    "함께 제 오라버니를 죽인 자는 누구입니까?"

    연수가 말했다.

    "전건이오. 전건은 이미 죽었고 나만 처벌을 받으면 되오. 나를 죽이시오."

계아가 탄식했다.

"남편을 죽이는 것은 도리가 아니고, 오라버니의 원수를 섬기며 사는 것 역시 도리가 아닙니다."

"나는 감히 당신을 붙들지 못하겠소. 수레와 말, 집안의 재물을 모두 당신에게 줄 테니, 어디든 가고 싶은 대로 가시오."

"제가 어디로 가야 한단 말입니까? 오라버니가 죽었어도 원수를 갚지 못하는 신세입니다. 당신과 한 이불을 덮고 살았는데, 그런 당신이 내 오라버니를 죽게 만들었습니다. 안으로는 시댁과 화목하게 지낼 수 없고 그렇다고 오라버니의 원수를 내버려둘 수도 없습니다. 이제 무슨 낯으로 하늘을 이고 땅을 밟으며 살 수 있겠습니까?"

연수가 부끄러워하며 자리를 뜨고는 감히 계아를 쳐다보지 못했다.

계아가 큰딸에게 말했다.

"네 아버지가 내 오라버니를 죽였으니 도리를 생각하면 여기에 머물 수 없구나. 그렇지만 죽어도 재가하지는 않을 것이다. 내가 너희들을 떠나 죽거든 두 동생을 잘 보살피거라."

계아는 끝내 포대기 줄에 목을 매어 죽고 말았다.

풍익왕(馮翊王) 양(讓)이 이 소식을 듣고, 그 의로움을 높이 사서 현(縣)에 명해 세 자녀의 세금과 부역을 면해주었다. 또한 계아의 무덤에 비석을 세워 표창하게 했다.

군자가 말했다.

"우제는 오라버니의 원수에게 진정한 복수를 했다."

『시경』에 "어긋남이 없고 해침이 없으면 모두가 본받게 될 것이네"
라고 했으니, 계아가 그 본보기가 될 수 있다.

송하여 말한다.

계아는 도리를 세웠으나 남편은 그 오라버니를 죽였네.
오라버니의 원수를 갚고 싶었지만 의리 때문에 할 수 없었네.
머물지도 못하고 떠나지도 못해 끝내 스스로 목을 매달아 죽었네.
풍익왕이 무덤에 비석을 세워 표창하고, 그 의리와 현명함을 칭송했네.

원수로부터 남편을 지키고
스스로를 희생하다

∙ ∙

　경사(京師)의 절녀(節女)는 장안(長安) 대창리(大昌里) 사람의 아내이다. 남편에게 원수가 있었는데, 남편에게 보복을 하려고 해도 방법이 없었다. 그러다 그 아내가 어질고 효성스러우며 의리가 있다는 말을 듣고, 아내의 아버지를 겁박해 딸을 시켜 중간에서 염탐을 하도록 했다.

　아버지가 딸을 불러 이 사실을 알렸다. 딸이 가만히 생각해보니, 원수의 말을 따르지 않아 자칫 아버지가 죽으면 불효이고, 원수를 도왔다가 남편이 죽는다면 도리가 아니었다. 불효하거나 도리를 지키지 않으면, 비록 살아도 세상에서 사람 행세를 할 수 없을 것 같았다. 그래서 자신이 희생해 일을 감당하고자 결심했다.

　이에 허락하며 말했다.

　"내일 누대 위에서 막 목욕을 한 뒤, 머리를 동쪽으로 두고 누워 있는 사람이 남편일 겁니다. 제가 창문을 열어놓고 기다리겠습니다."

집으로 돌아온 아내는 남편에게는 다른 곳에 가서 누워 있으라고 일렀다. 그러고는 자신이 누대 위에서 목욕을 한 뒤, 창문을 열어놓고 머리를 동쪽으로 두고 누웠다. 한밤이 되어 원수가 정말로 집으로 들어와 머리를 베어 가지고 갔는데, 다음 날 봤더니 그 아내의 머리였다. 원수는 애통해했지만, 부인에게 의리가 있다고 여겨 마침내 복수를 포기하고 남편을 죽이지 않았다.

군자가 말했다.

"절녀는 어질고 효성스러웠으며 은혜와 의리를 두텁게 했다."

무릇 인의를 중히 여기고 죽음을 가볍게 여겼으니, 이는 가장 고결한 행동이다.

『논어』에 "군자는 목숨을 바쳐 인(仁)을 완성하고, 자신의 삶을 구하고자 인을 해치지 않는다"라고 했으니 이를 이르는 말이다.

송하여 말한다.

경사의 절녀여! 남편의 원수가 아버지를 겁박하였구나.
딸이 염탐해주기를 바랐으니 감히 승낙하지 않을 수 없었네.
시간과 장소를 이미 정하고는 남편이 있는 장소를 바꾸었네.
살신성인했으니 의리가 천하에서 으뜸이네.

변통전

辯通傳

언변이 뛰어나고 사리에 통달한 여인들

바르고 정의로운 말로 위정자를 설복한 여인들

전통 시기 여인이 지켜야 할 미덕 중 하나는 침묵이었나. 바깥일에 관심을 두어서도 안 되고, 알아도 말로 내뱉어서는 안 되었다. 하지만 「변통전」의 여인들은 규방 밖을 향해 자신의 목소리를 거침없이 드러냈다. 그 상대가 왕이라고 하여도 두려워하지 않았다. 불합리한 처사를 당하면 왕 앞으로 달려가서 잘못된 정치를 비판했고, 부당한 판결에 항의하며 조목조목 따져 문제를 해결했다. 그들로부터 신랄한 말을 듣고도 왕은 화를 내지 않았다. 그들의 언변이 단순히 뛰어난 말재주가 아니라 합당한 이치에 기반을 두고 있었기 때문이다.

제나라 경공에게는 너무도 아끼는 홰나무가 있었다. 홰나무를 어찌

나 사랑했던지 경공은 홰나무만 지키는 사람을 따로 두고, 홰나무에 조금이라도 상처를 내면 사형에 처한다는 명을 내렸다. 그런데 연이라는 사람이 술에 취해 나무를 훼손했다. 경공은 연을 사형에 처하려고 했다. 이때 그 딸이 재상 안자를 찾아가 백성보다 나무를 더 아끼는 왕의 정치는 바른 도리에서 벗어난 것이라고 하소연했다. 안자가 경공에게 간언을 올리자 경공은 자신의 행동을 뉘우치고 연을 풀어주었다.

진나라 평공은 궁공에게 활을 만들게 했다. 궁공이 3년 동안 온갖 정성을 기울여 활을 만들어 바쳤는데, 화살이 갑옷 한 겹도 뚫지 못했다. 평공은 화가 나서 궁공을 죽이려고 했다. 궁공의 아내는 이 상황을 보고 가만히 있을 수 없어 평공을 찾아갔다. 자신의 남편이 얼마나 정성스럽게 활을 만들었는지 설명했고, 평공이 활 쏘는 자세에 문제가 있다고 지적했다. 실로 도발적인 언사였다. 하지만 평공은 화를 내지 않았다. 궁공의 아내 말대로 자세를 바꾸어 다시 활을 쏘니 갑옷 일곱 겹을 뚫을 수 있었다. 합당한 이치에 근거하여 말했기에, 궁공과 그의 아내는 목숨을 구한 것이다.

조간자가 초나라를 공격하면서, 강을 건너기 위해 나루터 관리와 약속을 했다. 그런데 약속을 한 시각에 나루터 관리가 술에 취해 나타나지 않았다. 조간자는 관리를 죽이려고 했다. 관리의 딸은 조간자를 찾아가 아버지가 술에 취한 사정을 설명했다. 또 술이 취한 상태에서 사형에 처하면 죄를 인지하지 못한 채로 죽으므로, 무고한 사람을 죽이는 것과 같

다고 간했다. 조간자는 딸의 말이 타당하고 기특하다고 여겨 아버지를
풀어주었다.

딸은 이어 자신이 함께 노를 저어 초나라까지 배를 인도하겠다고 했
다. 조간자는 배에 여인이 타면 불길하다면서 거절했다. 그러자 딸은 탕
왕과 무왕이 각기 하나라와 은나라를 정벌할 때 수레를 끌던 참마가 암
말이었으니, 여인이 배를 탔다고 해서 반드시 불길하지는 않다고 당당
하게 말한다. 배가 강의 중앙에 이르자, 딸은 조간자의 사기를 북돋아주
기 위해 「하격」이라는 노래를 부르기 시작했다. 상상해보라. 모진 풍랑
과도 같은 운명을 헤치며 용감하게 노를 젓는 모습은 얼마나 아름다운
가. 그는 결국 조간자의 부인이 되었다.

초나라 대부 강을의 어머니는 자신의 집에서 베를 도둑맞자, 공왕을
찾아가 영윤이 훔쳐갔다고 고했다. 옛날 손숙오가 영윤일 때는 나라가
안정되어 도둑이 절로 사라졌는데, 지금의 영윤은 정치를 제대로 하지
못해 도둑이 생겼다면서. 결국 영윤이 자신의 베를 훔쳐갔다는 논리였
다. 공왕은 이를 겸허하게 받아들이며 바른 정치를 펼치려 노력했다. 궤
변 같은 언설로 보였지만, 사실 백성을 책임지는 위정자의 도리를 깨우
치는 이야기였던 셈이다.

자공은 아곡의 개울에서 빨래하는 여인에게 일부러 무례하게 말을
붙여보았다가 세 번이나 거절당했고, 반란을 일으킨 필힐의 어머니는
아들의 죄 때문에 자신이 사형을 받는 것이 부당하다며 조양자를 설득

해 사형을 면했다. 이처럼 「변통전」의 여인들이 논리를 펴면, 왕이나 재상처럼 권세 있는 사람도 쩔쩔매며 어찌하지 못했다. 그들이 당당할 수 있었던 근거는 어디에 있을까? 바로 그들의 말이 모두 사리와 인정에 들어맞았다는 데 있다. "웅변은 은이고, 침묵은 금이다"라고 했던가. 그러나 유향은 침묵만이 미덕이 될 수는 없다는 사실을 보여주고 있다. 불의와 부조리가 가득한 세상을 만난다면 「변통전」의 여인들처럼 침묵하지 말고, 당당하게 말하고 정의롭게 맞서라고.

그럼에도 그들은 너무도 아름다웠다

제나라에 종리춘이라는 추녀가 살았다. 절구통 같은 머리에 몸매는 건장한 사내 같았고, 검은 피부에 들창코였으며, 머리숱도 얼마 없었다. 그런 까닭에 마흔이 되도록 시집을 가지 못했다. 그래도 종리춘은 당당했다. 자신이 직접 혼처를 찾아 나섰지만, 못생겼다는 이유로 사람들에게 쫓겨나자, 마지막으로 왕을 찾아가 후궁으로 삼아달라고 청한다. 주위 신하들 중에서 비웃지 않는 이가 없었다. 하지만 선왕은 종리춘을 불러와 그의 이야기를 들어주기로 한다. 선왕을 알현한 종리춘은 "위험하다!"라는 수수께끼 같은 말만 남기고 갑자기 사라진다.

다음 날 선왕이 종리춘을 다시 불러 물어보자, 종리춘은 향후 제나라에 닥칠 위기를 말한다. 그런데 종리춘의 말은 단순한 예언이 아니었다. 선왕의 정치를 정확하게 파악하고, 그 문제점으로부터 일어날 화를 예고하는 것이었다. 밖으로 진나라와 초나라의 위협이 도사리고 있었지만 궁궐은 향락에 빠져 있었고, 조정에 간신이 들끓어 나라는 흔들리고 백성은 의지할 데가 없었다.

종리춘의 바른말은 선왕을 매료시켰다. 선왕은 곧바로 화려한 누대를 부수고, 연회를 줄였으며, 간신을 몰아냈다. 훌륭한 인재를 얻기 위해 사방의 문을 활짝 열었고, 나라의 창고를 가득 채웠다. 이미 후비들의 서열이 정해져 있었지만 선왕은 파격적으로 종리춘을 왕후의 자리에 올렸다. 그 뒤 제나라는 크게 안정되었다. 이 모든 변화는 종리춘의 외모가 아니라 곧은 마음, 바른말에서 시작된 것이었다.

제나라에 추녀가 한 명 더 있었다. 목에 혹이 있어 숙류녀라고 불리던 여인이다. 어느 날 여인이 동곽에서 뽕을 따고 있었는데, 민왕이 행차하게 되었다. 사람들이 모두 나와 임금의 행차를 구경했지만, 숙류녀는 고개도 돌리지 않고 계속 뽕을 땄다. 민왕이 이상하게 여겨 불러서 물어보니, 숙류녀는 부모님으로부터 뽕을 따라고만 배웠지 왕의 행차를 구경하라고는 배우지 않았다고 대답했다. 민왕은 숙류녀의 곧은 심성에 반해 바로 궁궐로 데려가려고 했다. 왕이 명을 내리는데 어떤 여인이 거역할 수 있을까. 하지만 숙류녀는 거절했다. 부모님께 허락을 받지 않고 그대로 왕을 따라간다면, 부모님 몰래 사통하고 도망가는 여인이 된다는 이유였다. 왕은 더욱 감동을 받아 숙류녀를 집으로 돌려보내고, 예를 갖추어 정식 부인으로 맞아들였다.

궁궐로 들어가기 전, 숙류녀는 여전히 소박하고 심지가 곧은 모습을 보여준다. 부모님이 새 옷이라도 갈아입혀 궁궐에 보내려고 하자, 숙류녀는 거절했다. 원래 평소 모습으로 왕을 만났는데, 꾸민 모습으로 다시 만난다면 왕이 못 알아볼 것이라면서. 그렇게 소박한 차림으로 궁궐에 도착하니, 궁궐 사람들 중에서 비웃지 않는 이가 없었다. 외모로만 사람을 평가하는 궁궐 사람들을 보면서 민왕은 참담해졌을 것이다.

한껏 비웃음을 받았지만 숙류녀는 더욱 당당했다. 외형만 꾸미고 화려함을 추구했다가 몰락한 걸왕과 주왕을 비판했고, 절제하고 검소하며 인의로 내면을 꾸몄던 요순임금은 오랜 세월이 흘러도 성군으로 추앙된다고 했다. 이 말에 다른 후궁들은 부끄러워했고, 민왕도 이때부터 사치를 없애고 내실을 키워나갔다. 숙류녀를 왕후로 삼은 뒤 제나라가 강성해지자, 민왕은 동제라는 칭호까지 얻을 수 있었다.

여인의 진정한 아름다움은 어디에 있는 것인가. 그것은 외모가 아니라 내면에 있다. 대부분이 이런 진실을 알고 있을 테지만, 여전히 겉치레가 아름다움의 기준이 되곤 한다. 너무도 못생긴 모습이었지만, 바르고 현명하며 인의로 가득 찬 그들은 아름다움 그 자체였다. 당당하게 자신의 생각을 말하고, 주변 사람을 설득해 변화를 이끌어낸 추녀들은 충분히 사랑스러웠고, 여전히 사랑받을 자격이 있다.

재상의 정치를 비판하다

• •

초(楚)나라 대부 강을(江乙)의 어머니 이야기다. 공왕(恭王)이 다스릴 때, 강을은 영(郢)의 대부로 있었다. 하루는 왕궁에 도둑이 들었는데, 영윤(令尹)이 강을에게 그 책임을 물어 왕에게 그를 파직시킬 것을 청했다.

강을이 집으로 돌아와 지낸 지 얼마 되지 않았을 때였다. 집에 도둑이 들어 그의 어머니가 베 여덟 심(尋)을 잃었다. 그러자 어머니는 왕을 찾아가서 고했다.

"제가 어젯밤에 베 여덟 심을 도둑맞았는데, 분명히 영윤이 훔쳐 갔을 겁니다."

왕이 마침 소곡(小曲)이라는 누대에 있었는데, 그 옆에서 영윤이 왕을 모시고 있었다.

왕이 어머니에게 말했다.

"영윤이 정말로 그것을 훔쳤다면, 과인은 영윤이 부귀한 자리에 있다는 이유로 법대로 처리하지 않는 일은 하지 않을 것이오. 하지만 만약 영윤이 훔치지 않았는데 무고하는 거라면 각오하시오. 초나라에는 무고죄를 다스리는 법이 있소."

어머니가 말했다.

"영윤이 직접 훔치지는 않았고, 사람을 시켜 훔친 것입니다."

"어떻게 사람을 시켜 훔쳤다는 것이오?"

"옛날 손숙오(孫叔敖)가 영윤일 때, 백성은 길에 떨어진 남의 물건을 가져가지 않았고, 대문에 빗장을 걸어 닫지 않아도 도둑이 절로 사라졌다고 했습니다. 그런데 지금 영윤이 다스리는 정치를 보면, 듣고 보는 것이 현명하지 않아 도둑이 공공연히 활보하고 있습니다. 결국 이 때문에 도둑이 저의 베를 훔치게 된 것이니, 이것이 사람을 시켜 훔친 것과 무엇이 다릅니까?"

"영윤은 위에 있는 사람이고, 도둑은 아래에 있는 사람이오. 영윤이 그를 모르는데 무슨 죄가 있겠소?"

"아! 대왕의 말씀이 어찌 이리도 지나치십니까? 옛날 제 아들이 영의 대부로 있을 때 왕궁의 물건을 훔친 자가 있었는데, 제 아들이 책임을 지고 물러났습니다. 제 아들이 어찌 그 도둑을 알겠습니까? 그런데도 끝까지 책임지고 물러났는데, 도대체 영윤은 어떤 사람이길래 이 일로 잘못을 물을 수 없다고 하십니까?

옛날 주(周)나라 무왕(武王)께서 말씀하시기를 '백성에게 잘못이 있다면, 모든 잘못은 과인에게 있다'라고 하셨습니다. 윗사람이 현명하지 않으면 아랫사람들은 잘 다스려지지 않고, 재상이 현명하지 않으면 나라가 안녕하지 않습니다. 나라에 사람이 없다고 하는 것은 정말로 사람이 없는 것이 아니라, 백성을 잘 다스리는 사람이 없다는 뜻입니다. 왕께서는 이를 살펴주시옵소서."

왕이 말했다.

"훌륭하다! 영윤만 비판하는 것이 아니라 과인도 비판하는 말이구나."

왕은 즉시 관리에게 명을 내려 어머니의 베를 보상해주고, 또 금 십 일을 하사하게 했다.

어머니는 금과 베를 사양하며 말했다.

"제가 어찌 재물이 탐나 대왕께 무례하게 대했겠습니까? 그저 영윤이 다스리는 정치를 책망하고자 했을 뿐입니다."

그러면서 끝내 받으려 하지 않았다.

왕이 말했다.

"어머니의 지혜로움이 이와 같으니, 그 아들은 분명 어리석지 않을 것이다."

이에 강을을 다시 불러 임용했다.

군자가 말했다.

"강을의 어머니는 작은 일로 큰 이치를 비유하는 데 뛰어났다."

『시경』에 "계책이 오래가지 못하니, 이 때문에 크게 간언하는 것이네"라고 한 것은 이를 이르는 말이다.

송하여 말한다.

강을이 파직당하자 강을 어머니의 마음에 불평이 생겼네.

강을이 집으로 돌아와 있을 때 베 여덟 심을 도둑맞았네.

어머니가 영윤의 잘못을 질책하는데, 말에 매우 법도가 있었네.

왕이 다시 강을을 임용했고, 어머니에게 금과 베를 하사했네.

왕에게 활 쏘는 기술을 가르치다

· ·

궁공(弓工)의 아내는 진(晉)나라 번인(繁人)의 딸이다. 평공(平公) 때 왕이 남편에게 활을 만들게 하여 삼 년 만에 활을 완성했다. 그런데 평공이 활을 당겨 쏘아보니, 화살이 갑옷을 한 겹도 뚫지 못했다. 이에 평공은 화가 나서 궁공을 죽이려고 했다.

궁공의 아내가 알현하기를 청하며 말했다.

"저는 번인의 자식으로, 궁공의 아내입니다. 부디 왕을 알현하게 해주십시오."

평공이 그를 불러오게 하자 아내가 말했다.

"왕께서는 옛날 공류(公劉)의 일을 들어본 적 없으십니까? 양과 소가 갈대밭을 밟고 지나가자 그는 백성을 위해 슬퍼하며 마음 아파했습니다. 그의 은덕은 심지어 초목에까지 미쳤거늘 왕께서는 어찌 허물없는 사람을 죽이려고 하십니까? 진(秦)나라 목공(穆公)은 자신의 준마를 훔쳐 잡아먹은 자에게 도리어 술을 내렸고, 초나라 장왕(莊王)은 신하가 실수로 부인의 옷을 당기자, 모두 갓끈을 끊게 하고 함께 술을 마시며 한바탕 크게 즐겼다고 합니다. 이 세 분의 왕은 어진 덕이 천하에 드러나 이에 대한 보답을 받으셨고, 지금까지도 명성을 드리우고 계십니다.

또 옛날 요(堯)임금은 띠풀로 지붕을 이을 때 풀을 다듬지 않았고, 나무로 서까래를 얹을 때 나무를 깎지 않았습니다. 흙으로 만든 계단은 최하품이었으나 오히려 집을 짓는 사람이 힘들고 그 집에서 사는 자신은 편하다고 여기셨습니다.

지금 저의 남편도 이 활을 만들면서 역시 공을 많이 들였습니다. 활의 몸체는 태산(泰山) 기슭에서 자란 나무입니다. 하루에 세 번은 그늘에서 말리고 세 번은 햇볕에 쬐였습니다. 거기다 연(燕) 땅의 소뿔을 붙이고, 형(荊) 땅의 사슴 힘줄로 감았으며, 황하의 물고기로 만든 아교를 발랐습니다. 모두 천하에서 뛰어난 것들만 선별해서 썼습니다. 왕께서 갑옷 한 겹도 뚫지 못한 것은 화살을 잘못 쏘아서입니다. 그런데도 도리어 제 남편을 죽이려고 하시니 잘못된 일이 아니겠습니까?

제가 듣기로 활을 쏠 때 왼손은 바위를 막듯이 잡고, 오른손은 가지를 잡듯이 화살을 붙잡아, 오른손이 쏘는 것을 왼손이 못 느끼게 해야 한다고 했습니다. 무릇 이것이 활 쏘는 방법입니다."

평공이 그 말대로 자세를 잡아 쏘았더니, 갑옷 일곱 겹을 뚫었다. 번인의 남편은 즉시 풀려나고, 금 삼 일을 하사받았다.

군자가 말했다.

"궁공의 아내는 어려운 일에 잘 대저할 수 있었다."

『시경』에 "무늬 새긴 활은 단단하고, 쏜 화살은 다 맞았네"라고 했으니, 활 쏘는 데 법도가 있음을 말하는 것이다.

송하여 말한다.

진나라 평공이 활을 만들게 하여, 궁공은 삼 년 만에 완성했네.
평공이 궁공 때문에 화가 나서 형벌을 내리려 했네.
아내가 왕을 알현하여 설득하면서, 활 만든 재료를 모두 설명했네.
그 노고를 일일이 열거하니, 왕이 마침내 남편을 풀어주었네.

백성보다 나무를 더 아낀
왕을 비판하다

· ·

　제(齊)나라 상괴녀(傷槐女)는 홰나무를 훼손한 연(衍)의 딸로, 이름은 정(婧)이었다.

　경공(景公)이 아끼는 홰나무가 있었는데, 사람을 시켜 나무를 지키게 했다. 또 나무에 현판을 달아 명을 내리길, "홰나무를 건드리면 형벌을 내리고, 홰나무를 훼손하면 사형에 처한다"라고 했다.

　그런데 어느 날 연이라는 사람이 술에 취해 홰나무를 훼손하고 말았다. 경공이 이를 듣고 말했다.

　"이자가 처음으로 내 명을 어겼다."

　경공은 관리를 시켜 연을 잡아가두고 사형에 처하려고 했다.

　그의 딸 정이 두려워하며 재상 안자(晏子)의 대문 앞으로 찾아가 말했다.

"제가 과분한 생각을 억누르지 못하고 아룁니다. 부디 저를 재상의 시녀로 거두어주시기를 청합니다."

안자가 듣고 웃었다.

"나에게 음탕한 마음이 있어 보이는 것인가? 어찌하여 이 늙은이가 사사로이 도망쳐 온 여인을 만나야 하는가? 아마도 하고 싶은 말이 있나 보군. 안으로 들어오게 하여라."

정이 문 안으로 들어가자, 안자가 멀리서 바라보며 말했다.

"이상하구나! 얼굴에 깊은 근심이 있구나."

들어오게 해서 물어보니 정이 대답했다.

"제 아버님은 연이라는 분이신데, 다행히 성곽 안에 거주하게 되면서 공민(公民)이 되셨습니다. 어느 날인가는 음양이 조화롭지 못하고, 비바람이 제때 내리지 않으며, 오곡이 잘 여물지 않는 것을 보고, 명산과 신수(神水)에 제사를 지내고 계셨습니다. 그런데 제사에 올린 술을 드시고 술기운을 이기지 못해 왕의 명령을 가장 먼저 어기고 말았습니다.

이 지경에 이르도록 술에 취해 죄를 지은 것은 진실로 죽어 마땅합니다. 하지만 제가 듣기로 현명한 왕은 나라를 다스릴 때 봉록을 줄이고 형벌을 가하지 않으며, 또 개인적인 원한으로 공법을 어기지 않는다고 했습니다. 육축(六畜) 때문에 백성을 다치게 하지 않고, 잡초 때문에 곡물의 싹을 해치지 않는다고 했습니다.

옛날 송나라 경공(景公) 때 큰 가뭄이 들어 3년 동안 비가 내리지 않았다고 합니다. 태복(太卜)을 불러 점을 치게 했더니 '사람으로 제사를 지내야 한다'라는 점괘가 나왔습니다. 경공은 이내 대청에서 내려와 북쪽을 향해 머리를 조아리며 '내가 비를 비는 이유는 내 백성을 위한 것이다. 지금 반드시 사람으로 제사를 지내야 한다면, 과인이 직접 그 일을 감당하겠노라'라고 하셨습니다. 그랬더니 말이 끝나기도 전에 사방으로 천 리까지 크게 비가 내렸습니다. 왜 그런 줄 아십니까? 천리를 따르고 백성을 사랑했기 때문입니다.

지금 우리 왕께서는 홰나무를 심어놓고, 훼손하면 죽이겠다는 명을 내렸습니다. 그리고 나무를 훼손했다는 이유로 저의 아버지를 죽여 저를 고아로 만들려고 하십니다. 저는 왕께서 나라를 다스리는 법을 어기고 현명한 왕의 도리를 잃으실까 봐 걱정이 됩니다. 이웃나라에서 이를 들으면, 모두 왕께서 나무나 사랑하고 백성은 천시한다고 비난할 것인데, 그래도 괜찮겠습니까?"

안자가 말을 듣고 놀라며 자못 깨달은 바가 있었다. 다음 날 조회에 나가서 경공에게 말했다.

"제가 듣기로 백성의 재산과 힘을 다 뺏는 것을 포(暴)라 하고, 좋아하는 물건을 아껴서 엄한 명령으로 위세를 부리는 것은 역(逆)이라 하며, 형벌을 부당하게 내리면 적(賊)이라 했습니다. 이 세 가지는 나라에 큰 재앙을 불러옵니다. 지금 왕께서는 백성의 재산과 힘을 다 빼앗아 좋은 음식을 먹고, 종고(鐘鼓)의 음악을 들으며, 궁실의 경관을 화려하게 꾸미십니다. 이는 가장 큰 폭정입니다. 좋아하는 물건을 아껴서 엄한 명령으로 위세를 부리니, 이는 명백히 백성을 거스르는 일입니다. 홰나무를 건드리면 형벌을 내리고, 훼손하면 사형에 처하는 것은 도리에 어긋납니다. 심히 백성을 해치는 일입니다."

경공이 말했다.

"과인이 그대의 명을 삼가 받아들이겠소."

안자가 조정에서 나오자 경공은 즉시 명을 내려 홰나무를 지키는 일을 그만두게 하고, 걸어놓은 팻말을 뽑아냈다. 홰나무를 훼손하면 형벌을 내리는 법도 폐지했고, 홰나무를 훼손한 죄인을 풀어주었다.

군자가 말했다.

"상괴녀는 말로써 어려운 상황에서 벗어날 수 있었다."

『시경』에 "그렇게 하려고 궁리하고 도모하면, 정말로 그렇게 될 것이네"라고 했으니 이를 이르는 말이다.

송하여 말한다.

경공이 홰나무를 아꼈는데, 백성이 술에 취해 나무를 훼손했네.

경공이 장차 죽이려고 하자, 그의 딸이 놀라고 두려워했네.

안자에게 달려가 고하며, 선왕들의 덕행을 말했네.

안자가 경공에게 간언하여, 마침내 아버지는 재앙에서 벗어났네.

자공을 세 번이나 돌려보내다

• •

아곡(阿曲)의 한 여인이 산길에서 빨래를 하고 있었다. 공자(孔子)가 남쪽으로 유람을 떠나던 중 아곡의 산길을 지나게 되었는데, 패옥을 찬 여인이 빨래하고 있는 것을 보았다.

공자가 자공에게 말했다.

"저 빨래하는 처자에게 가서 말을 걸어볼 수 있겠느냐?"

공자는 술잔을 꺼내 자공에게 주면서 말했다.

"저 여인에게 말을 붙이면서 생각을 살펴보아라."

자공이 말했다.

"저는 북쪽 시골에 사는 사람입니다. 북쪽에서 남쪽으로 와서 초나라로 가려고 하는데, 날씨가 더워서 속이 타는군요. 물 한 잔만 얻어 마시면 타는 속이 가라앉을 것 같습니다."

여인이 말했다.

"아곡의 산길은 후미진 곳입니다. 한 번은 맑은 강물이 흐르고 한 번은 탁한 강물이 흐르면서 바다로 흘러갑니다. 마시고 싶으면 마시십시오. 어째서 저에게 묻는 겁니까?"

여인은 자공의 잔을 받아 물살이 흘러오는 방향을 향해 뜨고는 땅에다 물을 쏟았다. 그러고는 다시 물살이 흐르는 방향을 따라 잔이 가득 차도록 물을 떠서, 무릎을 꿇고 모래 위에 잔을 놓으며 말했다.

"예법에 따르면 남녀는 직접 물건을 주고받지 않는다고 했습니다."

자공이 돌아와서 여인의 말을 전하자 공자가 말했다.

"나는 진작 그럴 줄 알았다."

공자가 다시 거문고를 꺼내 기러기발은 빼고 자공에게 건네주면서 말했다.

"그 처자에게 가서 다시 말을 해보아라."

자공이 가서 말했다.

"방금 전 그대의 말을 들으니, 맑은 바람처럼 부드럽고 어긋나거나 거슬리지 않아 제 마음이 편안해졌습니다. 여기 기러기발이 없는 거문고가 있는데, 그대가 거문고 소리를 맞추어주시기 바랍니다."

여인이 말했다.

"저는 시골 사람입니다. 식견이 고루하고 무지해서 오음(五音)을 알지 못하는데, 어떻게 거문고 소리를 고를 수 있겠습니까?"

자공이 공자에게 고하자 공자가 말했다.

"나는 진작 그럴 줄 알았다. 아마도 저 처자는 현명한 사람을 만나면 공경하게 대할 것이다."

공자는 갈포 다섯 냥(兩)을 꺼내 자공에게 주며 말했다.

"그 처자에게 가서 다시 말을 해보아라."

자공이 가서 말했다.

"저는 북쪽 시골에 사는 사람입니다. 북쪽에서 남쪽으로 와서 초나라로 가려고 하는데, 저에게 갈포 다섯 냥이 있습니다. 감히 그대에게 합당한 물건이라 할 수 없지만, 강가에 두고자 합니다."

여인이 말했다.

"지나가는 행인께서 탄식이 너무 긴 것 아닙니까. 재물을 떼어내 시골에 버리시다니요. 제가 비록 많이 어리지만 어찌 당신의 물건을 받겠습니까? 아직 혼인을 못하셨나본데, 저는 이미 남편 될 사람의 이름을 알고 있는 몸입니다."

자공이 공자에게 고하자 공자가 말했다.

"나는 진작 그럴 줄 알고 있었다. 저 여인은 인정에 통달하고 예를 아는 자다."

『시경』에 "남쪽에 우뚝 솟은 나무 있지만, 그늘이 있어야 쉬어보지. 한수(漢水)에 노니는 아가씨 있지만, 만나보아야 사랑을 하지"라고 했으니 이를 이르는 말이다.

송하여 말한다.

공자가 유람을 다니다가, 아곡의 남쪽을 지나갔네.

아곡의 처자가 남다름을 알아보고, 그 품성을 살펴보고자 했네.

자공을 세 번이나 되돌려 보냈으니, 처자의 언변은 분명하고 심오했네.

공자는 아곡의 처자가 인정에 통달하고 예를 알며 음란하지 않다고 했네.

조간자를 설득해
아버지의 목숨을 구하다

··

　조진(趙津)의 여인 연(娟)은 조(趙) 땅의 나루터 관리의 딸이자, 조간자(趙簡子)의 부인이다. 처음에 조간자가 남쪽 초나라를 공격하기 위해 강을 건너기로 나루터 관리와 약속을 했다. 그런데 조간자가 도착해 보니 나루터 관리가 취해 누워 있어 강을 건널 수 없었다. 조간자가 화가 나서 그를 죽이려고 하자, 관리의 딸 연이 두려워 노를 잡고 달려왔다.

　조간자가 말했다.

　"그대는 왜 뛰어오는 것이오?"

　연이 대답했다.

　"저는 나루터 관리의 딸입니다. 주군께서 동쪽으로 물살을 예측할 수 없는 강을 건너시려 하자 저의 아버님은 구강(九江)과 삼회(三淮)의 신에게 기도를 올렸습니다. 강의 신들이 요동을 쳐서 풍랑이 일까 두려워서입니다.

제물을 고루 갖추어 복을 빌었는데, 제를 올리고 남은 술을 먹고는 술기운을 이기지 못해 이렇게 취하고 말았습니다. 주군께서 지금 아버님을 죽이려 하시니, 제가 이 비천한 몸으로 아버님의 죽음을 대신하고자 합니다."

조간자가 말했다.

"그대의 죄가 아니오."

연이 말했다.

"주군께서는 그 죄 때문에 아버님을 죽이려고 하시지만, 지금 아버님은 몸으로 고통을 느낄 수 없고, 마음으로 죄를 알지 못합니다. 그래서 제가 걱정하는 것입니다. 만약 아버님이 죄를 모르는 상태로 죽는다면, 주군께서 무고한 자를 죽이시는 셈입니다. 아버님이 깨어나거든 죽여서, 그 죄라도 알 수 있게 해주십시오."

조간자가 말했다.

"훌륭하다."

마침내 아버지를 풀어주고 벌을 내리지 않았다.

조간자가 강을 건너려는데, 노 젓는 사람이 한 명 부족했다. 연이 소매를 걷어 올리고 노를 끌어당기며 청했다.

"제가 황하(黃河)와 제수(濟水) 사이에 살면서 대대로 노 젓는 일을 익혀왔습니다. 부족한 인원을 대신해 노를 저을 수 있게 해주십시오."

조간자가 말했다.

"내가 출정하기 전에 사대부를 선별하여 목욕재계까지 했소. 도리상 부인을 함께 배에 태워 건널 수는 없소."

연이 대답했다.

"제가 듣기로 옛날 탕왕(湯王)이 하(夏)나라를 정벌할 때, 수레를 끄는 왼쪽 참마(驂馬)는 검은 암말이었고 오른쪽 참마도 암말이었는데, 끝내 걸왕(桀王)을 쫓아냈다고 했습니다. 무왕(武王)이 은(殷)나라를 정벌할 때도 수레를 끄는 왼쪽 참마는 검푸른 암말이었고, 오른쪽 참마는 황백색 암말이었습니다. 그래도 무왕은 주왕(紂王)을 몰아내고 화산(華山) 이남까지 이르렀습니다. 주군께서 강을 건너고 싶지 않다면 그렇게 하십시오. 그러나 제가 함께 배를 탄다고 해서 무슨 해가 되겠습니까?"

조간자가 이 말을 듣고 기뻐하며 함께 강을 건넜다. 강의 중류에 이르자 연은 조간자를 위해 「하격(河激)」이라는 노래를 지어 불렀다.

저 배에 오르니 눈앞에 맑은 강물 보이네.

파도가 일어 아득하고 어둡구나.

아버님은 복을 기원하며 기도하다 취해서 깨어나지 못하셨네.

아버님이 주살되려 하자 내 마음 놀랐다네.

형벌에서 이미 풀려나셨으니, 고인 물도 이내 맑아졌네.

나는 노를 젓고 배의 밧줄을 조종하네.

교룡이 도와주니 주군께서 편안히 돌아가시리라.

배를 불러라! 뱃길이 무사할 것을 의심하지 말고.

조간자가 크게 기뻐하며 말했다.

"예전에 내가 아내를 얻는 꿈을 꾸었다. 지금 보니 어찌 이 여인이 아니겠는가?"

사람을 시켜 신께 복을 기원하고, 연을 부인으로 맞이하려고 했다.

연이 재배하고 사양하며 말했다.

"무릇 부인의 예에 따르면, 중매하는 자가 없으면 시집가지 않는다고 했습니다. 하물며 아버님이 계신데, 감히 마음대로 명을 받아들일 수는 없습니다."

연은 끝내 거절하며 떠났다. 조간자가 돌아와서 그의 부모에게 납폐하고 연을 부인으로 삼았다.

군자가 말했다.

"딸 연은 사리에 통달하고 언사가 뛰어났다."

『시경』에 "놀러와 노래하니 그 소리 펼쳐지네"라고 했으니, 이를 이르는 말이다.

송하여 말한다.

조간자가 강을 건너려는데, 나루터 관리가 술에 취해 누웠네.

벌을 내려 죽이려 하자, 딸 연은 두렵고 당황했네.

노를 들고 조양자를 설득해 아버지는 죽음을 면하게 되었네.

연의 품성은 오랫동안 가려질 수 없어, 끝내 세상에 크게 드러났네.

노륙의 부당함을 따져 사형을 면하다

· ·

조(趙)나라 중모(中牟)의 재신(宰臣) 필힐(佛肸)의 어머니 이야기다. 필힐이 중모에서 반란을 일으켰다. 조나라 법에 따르면, 성을 점령하고 반란을 일으킨 자는 가족까지 모두 사형을 당해야 했다. 이른바 노륙(孥戮)이었다.

필힐의 어머니에게 사형 판결이 내려지자, 어머니는 혼잣말을 했다.

"나까지 죽는 것은 부당하다."

재판장이 그 까닭을 물으니 어머니가 말했다.

"주군께 말을 할 수 있게 해주십시오. 만약 들어주지 않으시면, 저는 죽을 수밖에 없습니다."

재판장이 조양자(趙襄子)에게 말을 전하자, 조양자는 사람을 보내 그 까닭을 물었다.

하지만 어머니가 거절했다.

"주군을 뵙지 않고서는 말하지 않겠습니다."

이에 조양자가 그를 불러서 직접 물었다.

"그대가 죽는 것이 부당하다는 게 무슨 말인가?"

어머니가 말했다.

"제가 왜 죽어야 합니까?"

"그대의 아들이 반란을 일으켰소."

"아들이 반란을 일으켰는데, 왜 어머니까지 반드시 죽어야 합니까?"

"어머니가 아들을 잘 가르치지 못해서 반란을 일으킨 것이오. 어머니가 죽는 것이 왜 부당하다는 말이오?"

"아! 주군께서 저를 죽이시는 다른 이유가 있는 줄 알았는데, 어머니로서 잘 가르치지 못했기 때문이라는 겁니까? 그렇다면 저의 임무는 오래전에 끝났습니다. 오히려 이 일의 잘못은 주군께 있습니다. 제가 듣기로 자식이 어려서 예의가 없으면 어머니 잘못이고, 커서 말을 잘 듣지 않으면 아버지 잘못이라고 했습니다. 제 자식은 어려서 예의가 없지 않았고, 또 커서는 말을 잘 들었는데, 어째서 제 책임입니까? 제가 듣자 하니 자식은 자고로 어릴 때는 자식이지만, 장성해서는 친구가 될 수 있고, 남편이 죽으면 오히려 자식을 따라야 한다고 했습니다. 저는 왕을 위해 자식을 잘 키웠고, 왕께서 직접 제 아들을 신하로 뽑으셨습니다. 잘못된 일로 판결을 받고 있는 제 아들은 왕의 신하이지 제 아들이 아닙니다. 왕께서 흉포한 신하를 두신 것이지 저는 흉포한 아들을 두지 않았습니다. 이 때문에 제가 무죄라고 말씀드리는 것입니다."

조양자가 말했다.

"훌륭하다! 필힐이 반란을 일으킨 것은 과인의 잘못이구나."

마침내 어머니를 풀어주었다.

군자가 말했다.

"필힐의 어머니는 말 한마디로 조양자의 생각을 깨우쳤다. 주군의 화가 다른 사람에게로 옮겨 가지 않게 하였고, 자신의 몸도 형벌을 면하게 되었다."

『시경』에 "군자를 만났으니, 내 마음 기쁘네"라고 했으니 이를 이르는 말이다.

송하여 말한다.

필힐은 이미 반란을 일으켰으나, 그의 어머니는 이지를 따랐네.

사형 판결이 내려지자 직접 조양자에게 말하고자 했네.

어머니의 직분을 일일이 말하며, 장성한 자식에 대한 책임은 왕에게 있다고 했네.

조양자가 이 말을 듣고 기뻐하며 마침내 사형 판결을 내리지 않았네.

나라의 네 가지 위기를 간언한 추녀

· ·

종리춘(鍾離春)은 제(齊)나라 무염읍(無鹽邑)의 여인으로 선왕(宣王)의 정후(正后)이다.

종리춘은 날 때부터 생김새가 매우 추해서 견줄 사람이 없었다. 절구통 같은 머리에 눈은 움푹 들어갔고, 기골이 장대하며 뼈마디가 굵었다. 코는 들창코에, 남자처럼 목에 울대뼈가 튀어나왔고, 목은 살이 쪄서 두꺼웠으며, 머리숱이 별로 없었다. 허리는 굽고 가슴은 튀어나왔으며 피부는 옻칠한 듯 검었다. 마흔이 되도록 데려가겠다는 사람이 없자 직접 혼처를 찾아 나섰지만, 그래도 혼인하겠다는 사람이 없었다. 여기저기서 쫓겨나기만 하고 데리고 가겠다는 사람이 나타나지 않았다.

이에 종리춘은 짧은 갈옷을 깨끗하게 털어 입고, 직접 선왕을 찾아가서 알자(謁者)에게 말했다.

"저는 제나라에서 아무도 데려가려고 하지 않은 여인입니다. 왕의 성덕을 들어온 바, 후궁으로 들어가 청소라도 할 수 있게 해주십시오. 사마문(司馬門) 밖에서 머리를 조아리고 있겠습니다. 왕께서는 부디 허락해주십시오."

알자가 이를 알릴 때, 선왕은 마침 점대(漸臺)에서 술자리를 벌이고 있었다. 좌우에서 그 말을 듣고는 입을 가리면서 크게 웃지 않는 사람이 없었다.

"천하에서 가장 낯짝 두꺼운 여인이로다! 이 어찌 해괴한 일이 아니겠는가?"

선왕은 종리춘을 불러와서 말했다.

"옛날 선왕께서 과인에게 배필을 정해주셨고, 여러 후궁이 이미 모두 들어차 있소. 지금 부인은 향리의 평민에게도 시집을 못 가는데, 만승(萬乘)의 주인인 과인에게 시집오겠다고 하니, 무슨 특별한 재주라도 있는 것이오?"

종리춘이 대답했다.

"없습니다. 그저 대왕의 훌륭한 성덕을 특별히 흠모했을 뿐입니다."

"그렇다고 하더라도 뭐든 한 가지 잘하는 것이 있지 않겠소?"

한참을 있다가 종리춘이 말했다.

"일찍이 수수께끼에 소질이 있었습니다."

선왕이 말했다.

"수수께끼라. 과인도 정말 들어보고 싶소. 한번 해보시오."

말이 끝나기도 전에 종리춘이 갑자기 사라졌다. 선왕은 크게 놀라며 바로 『은서(隱書)』를 찾아 읽었다. 자리에서 물러나서도 궁리를 해보았지만 역시 무슨 영문인지 알 수 없었다.

다음 날 다시 종리춘을 불러 물어보았으나, 종리춘은 수수께끼에 대해서는 대답하지 않고, 오히려 눈을 크게 뜨고 이를 깨물며 무릎을 치면서 말했다.

"위험합니다! 위험해요!"

이렇게 네 번을 말하자 선왕이 말했다.

"무슨 뜻인지 말해주시오."

종리춘이 대답했다.

"지금 대왕의 나라를 살펴보십시오. 서쪽에는 전횡하는 진(秦)나라라는 우환이 있고, 남쪽에는 강대한 초(楚)나라라는 적이 있습니다. 밖으로 두 나라의 난제가 있는데, 안에는 간신이 모여 있습니다. 또한 백성은 왕께 의지하지 않고 있습니다.

춘추가 마흔인데도 장성한 아들을 태자로 세우지 않으시고, 여러 왕자들에게는 관심이 없으시며, 후궁들에게만 관심을 쏟고 계십니다. 좋아하는 사람만 좋아하고 믿어야 할 사람을 홀대하니, 하루아침에 나라가 붕괴하고 사직이 무너질 수 있습니다. 이것이 첫 번째 위험입니다.

점대를 다섯 층으로 쌓아올려 황금과 백옥, 낭간(琅玕), 용소(籠疏), 비취(翡翠), 주기(珠璣), 막락(幕絡) 등 온갖 보석으로 화려하게 장식했지만, 백성의 피로는 극에 달했습니다. 이것이 두 번째 위험입니다.

현명한 인사는 산림에 묻혀 있고, 아첨하는 사람은 왕의 좌우에서 권세를 부리고 있습니다. 사악하고 거짓된 자들이 조정을 차지하고 있어, 정직하게 간언하는 자들이 조정에 들어갈 수 없습니다. 이것이 세 번째 위험입니다.

왕께서는 술에 깊이 빠져 밤낮으로 가기(歌妓)와 예인(藝人)들을 불러들이고, 방탕하게 즐기고 계십니다. 밖으로는 제후의 예를 닦지 않고, 안으로는 나라의 다스림을 바로잡지 않으십니다. 이것이 네 번째 위험입니다.

이 때문에 제가 '위험합니다! 위험해요!'라고 말한 것입니다."

선왕이 놀라며 탄식했다.

"무염의 여인은 참으로 통쾌하구나! 과인이 이제야 이런 말을 듣게 되다니."

이에 화려한 누각을 부수고, 가기들을 내보냈으며, 아첨하는 사람들을 몰아내고, 조각한 장식을 제거했다. 병마를 선별하고, 창고를 가득 채웠으며, 사방의 공문(公門)을 열어 직언하는 자들을 불러들였는데, 신분이 낮은 인사들까지 초빙했다. 점을 쳐서 길일을 택해 태자를 세우고, 자모(慈母)를 추천했으며, 무염의 여인을 왕후로 삼았다. 제나라가 크게 안정된 것은 추녀의 힘 덕분이었다.

군자가 말했다.

"종리춘은 바르고 언사에 뛰어났다."

『시경』에 "이미 군자를 만났으니 마음 기쁘네"라고 했으니 이를 이르는 말이다.

송하여 말한다.

무염의 여인은 제나라 선왕에게 간언을 했네.

네 가지 위험을 분별해, 나라의 어려움을 말했네.

선왕이 이 말을 따르고, 사방의 공문을 열었네.

마침내 태자를 세우고, 무염의 여인을 왕후로 삼았네.

성군의 도리를 간언하다

••

숙류녀(宿瘤女)는 제나라 동곽(東郭)에서 뽕을 따던 여인으로, 민왕(閔王)의 후비이다. 목에 큰 혹이 있어 숙류라고 불렀다.

처음에 민왕이 순행하러 나갔다가 동곽에 이르렀다. 백성이 모두 왕의 행차를 구경했는데, 숙류녀만 계속 뽕을 따고 있었다.

왕이 이상하게 여겨 불러 물었다.

"과인이 행차하는데 수레와 말이 매우 많아, 다른 백성은 어른 아이할 것 없이 모두 일을 그만두고 와서 구경하는데, 그대는 길옆에서 뽕만따고 한 번도 쳐다보지 않으니 왜 그런 것이오?"

숙류녀가 대답했다.

"저는 부모님께 뽕을 따라고만 배웠지, 대왕의 행차를 구경하라고는배우지 않았습니다."

244

왕이 말했다.

"이 사람은 뛰어난 여인이다. 하지만 애석하게도 목에 혹이 있구나."

숙류녀가 말했다.

"부모님께서 내리신 분부를 딴생각하지 않고 따르는 것이 제 직분입니다. 제가 그 말씀을 잊지 않고 있는데 마음속에 무슨 다른 생각이 있겠습니까? 혹이 있는 게 무슨 마음 상할 일이겠습니까?"

왕이 크게 기뻐하며 말했다.

"이 사람은 현명한 여인이로다."

그러고는 숙류녀에게 명하여 뒤따르던 수레에 타게 했다.

숙류녀가 말했다.

"물론 대왕의 성은을 입기를 바라지만 부모님께서 아직 집에 계십니다. 만약 제가 부모님의 가르침을 받지 않고 대왕을 따라간다면, 사통(私通)하고 몰래 도망간 여인이 되지 않겠습니까? 대왕께서 그런 저를 어떻게 받아들일 수 있겠습니까?"

왕이 크게 부끄러워하며 말했다.

"과인이 잘못했소."

숙류녀가 또 말했다.

"정숙한 여인은 예가 하나라도 갖추어지지 않으면, 죽어도 시집가지 않는 법입니다."

이에 왕은 숙류녀를 집으로 돌려보내고, 사자에게 금 백 일을 가지고 가서 숙류녀를 부인으로 맞아 오게 했다.

부모가 놀라고 당황하여, 딸을 목욕시키고 새 옷으로 갈아입히려고 하자 숙류녀가 말했다.

"이 모습으로 대왕을 뵈었는데, 모습이 바뀌고 옷도 갈아입으면 못 알아보실 것 아닙니까?"

딸은 죽어도 부모의 말을 듣지 않으려고 했고, 결국 원래 모습 그대로 사자를 따라갔다.

민왕이 돌아와서 여러 부인을 둘러보며 말했다.

"오늘 순행하러 나갔다가 훌륭한 여인을 만났소. 지금 도착하면, 그대들과 함께 지내게 될 것이오."

여러 부인이 모두 이상하게 여기고, 옷을 잘 차려입고 왕을 둘러서서 기다렸다. 그런데 도착한 숙류녀를 보니 목에 혹이 있어 궁궐 사람들이 깜짝 놀랐다. 여러 부인은 모두 입을 가리고 웃었고, 좌우 사람들은 체통도 잊고 배꼽이 빠져라 웃었다.

왕이 크게 부끄러워하며 말했다.

"웃지 마시오. 저 여인은 다만 꾸미지 않았을 뿐이오. 꾸미는 것과 꾸미지 않는 것은 정말로 열 배 백 배의 차이가 나는 것이오."

숙류녀가 말했다.

"꾸미는 것과 꾸미지 않는 것은 서로 천 배 만 배의 차이가 난다고 해도 오히려 부족한데, 어찌 열 배 백 배의 차이만 난다고 하십니까?"

왕이 말했다.

"무슨 뜻이오?"

숙류녀가 대답했다.

"사람의 본성은 서로 비슷하지만, 습관 때문에 차이가 납니다. 옛날

요(堯), 순(舜), 걸(桀), 주(紂)는 모두 천자였습니다. 요순임금은 인의(仁義)로 자신을 꾸몄기에, 천자가 되어도 절제하고 검소한 삶에 만족하셨습니다. 띠풀로 지붕을 이을 때는 다듬지 않으셨고, 나무로 서까래를 올릴 때는 깎지 않으셨습니다. 후궁들의 옷에 화려한 무늬를 넣지 못하게 하셨고, 음식의 맛을 따지지 않으셨습니다. 그래서 천하는 지금까지 수천 년이 지나도 두 분을 선의 귀감으로 삼고 있습니다.

반면에 걸과 주는 인의로 자신을 꾸미지 않고, 걸핏하면 가혹한 법령을 만들었습니다. 높은 누대를 짓고 깊은 연못을 만들었으며, 후궁들은 화려한 비단옷을 입고 주옥을 걸쳤어도 성에 차지 않아 했습니다. 그리하여 자신도 죽고 나라도 망했으며, 천하의 웃음거리가 되어 지금까지 천여 년이 흘렀어도 악의 표본이 되고 있습니다. 이로부터 보면, 꾸미는 것과 꾸미지 않는 것이 서로 천 배 만 배의 차이가 난다고 해도 오히려 부족한데, 어찌 열 배 백 배의 차이만 난다고 하겠습니까?"

여러 부인이 모두 크게 부끄러워했고, 민왕은 매우 감동받아 숙류녀를 왕후로 삼았다. 명을 내려 궁실을 낮게 짓게 했고, 연못은 다시 흙으로 메워서 없앴다. 음식을 줄이고, 음악 연주도 줄였으며, 후궁들의 옷에 화려한 무늬를 넣지 못하게 했다. 이렇게 1년이 지나자 교화가 이웃 나라에까지 미쳐, 제후들이 제나라로 조회를 왔다.

제나라는 삼진(三晉)을 치고, 진(秦)나라와 초나라를 두렵게 했으며, 민왕은 동제(東帝)로 즉위했다. 민왕이 여기까지 온 것은 숙류녀 덕분이었다. 하지만 숙류녀가 죽은 뒤에 연(燕)나라가 마침내 제나라를 쳤다. 도망간 민왕은 타지에서 시해되었다.

군자가 말했다.

"숙류녀는 사리에 통달했고 예를 알았다."

『시경』에 "무성한 다북쑥이 언덕에 자랐네. 군자를 만나니 즐거우면서도 예의 바르게 하네"라고 했으니 이를 이르는 말이다.

송하여 말한다.

제나라의 숙류녀는 동곽에서 뽕을 따고 있었네.

민왕이 행차했으나, 뽕 따는 일을 그만두지 않았네.

왕이 불러서 말을 나누어보니, 간언을 올리는 말에 조리가 분명했네.

마침내 왕후의 자리에 올라, 명성이 빛나고 영화롭게 되었네.

얼폐전

孼嬖傳

왕의 총애를 받아 재앙을 일으킨 여인들

아름다움은 악녀의 첫 번째 조건

총 7편으로 나뉜 유향의 『열녀전』에서 마지막 편인 「얼폐전」은 매우 흥미로운 설정을 띤다. 「모의전」 「현명전」 「인지전」 「정순전」 「절의전」 「변통전」 등 앞의 여섯 편이 모두 훌륭하고 뛰어난 여인들의 이야기를 수록했다면, 일곱 번째 「얼폐전」은 음란하고 사악하며 나라를 망친 여인들의 이야기가 들어 있다. 유향은 반면교사로서 「얼폐전」을 설정하고, 여인이 하지 말아야 할 부정적인 행실을 보여줌으로써 교육서로서의 효과를 기대했을 것이다.

유향의 『열녀전』 이후로 명청대(明淸代)에 이르기까지 다양한 『열녀전』이 나왔다. 하지만 「얼폐전」이 설정된 사례는 거의 찾아보기 힘들다.

한 여인이 여러 사내와 정을 통하거나, 왕을 미혹해 나라를 망하게 하며, 방자하고 음란한 행동 때문에 결국 죽임을 당하는 그들의 기구한 사연. 이는 교육 효과를 발휘한다기보다는 호기심을 불러일으키는 자극적인 이야깃거리로 이해되기에 충분했다. 비록 그렇다고 하더라도, 악녀를 주인공으로 한 이야기 모음집은 동아시아 서사 전통에서 전무후무하다. 그만큼 「얼폐전」이 사료로서 지니는 가치와 의미가 크다고 하겠다.

「얼폐전」은 이후 전통 시기 동아시아에서 악녀를 규정하는 근거가 되어왔다. 유향이 어떤 유형의 여인을 악녀로 제시했는지 알기 위해서, 우선 '얼폐'의 의미를 해석해볼 필요가 있다. 얼(孼)은 재앙이라는 뜻이고, 폐(嬖)는 총애한다는 뜻이다. 여기에서 '왕의 총애를 받은 여인 = 화근 = 악녀'라는 등식이 성립한다. 그런데 왕의 총애가 문제가 되는 이유는 무엇일까. 바로 사적인 영역이 공적인 영역으로 개입해 들어가는 것, 사적인 욕망이 공적인 질서를 쉽게 무너뜨릴 수 있다는 위험성에 있다.

이렇게 볼 때, 『열녀전』에서 「얼폐전」과 가장 정반대되는 지점에 「절의전」이 있다고 볼 수 있다. 「절의전」의 여인들은 목숨도 아까워하지 않고 공적인 도리를 지키고자 애썼다. 노나라 효의보는 자신이 모시던 공자와 친아들의 옷을 바꾸어 입혀서 공자를 살리고 아들을 죽게 했다. 노나라 의고자는 전쟁이 일어나 군대가 몰려오자, 자신의 아들을 버리고 조카를 안고 도망갔다. 제나라 의계모는 전처의 자식을 살리기 위해, 자신이 낳은 자식에게 사형을 내려달라고 자청했다. 이들이 판단하고 행동했던 근거는 사애(私愛)가 아닌 공의(公義)였다.

　이에 비해 「얼폐전」의 여인들은 사사로운 애정과 욕망을 지키기 위해 공적인 도리를 무너뜨리고 나라를 혼란에 빠뜨렸다. 하나라 걸왕은 말희를 위해 술로 연못을 만들어 극도로 사치스러운 생활을 누렸고, 은나라 주왕은 포락이라는 잔인한 형벌을 만들어 충신을 죽이면서 달기와 함께 이 장면을 구경했다. 주나라 유왕은 포사 한 사람을 웃게 만들기 위해 봉홧불을 피워 올리고 군사들이 당황하며 몰려오는 장면을 연출했다. 그들은 지극히 개인적인 욕망을 충족하기 위해 나라를 도탄에 빠지게 했다.

　위나라의 선강, 남자, 조나라의 영오녀, 창후 등은 왕후와 태자를 모함하여 스스로 왕후의 자리에 올랐으며, 자신의 아들을 태자로 만들었다. 노나라 애강은 조카를 직접 왕으로 세웠다가 시해하여 나라의 혼란을 자초했다. 「현명전」에서 조희는 남편이 오랑캐 땅에서 얻은 조강지처를 불러들여 그와 그의 아들을 왕후와 태자로 삼았다. 또 자신은 문공의 딸이라는 높은 신분인데도 후궁의 자리를 자처하고, 아들에게는 적자를 보좌하도록 했다. 「얼폐전」의 여인과 「현명전」의 여인은 완전히 대조되는 모습이다.

　「얼폐전」의 여인들이 공적인 도리를 거스르고 자신의 욕망을 마음대로 실현하는 데 사용했던 가장 큰 무기는 아름다움이었다. 그들의 아름다움은 권력자의 평정심을 뒤흔드는 치명적인 유혹이자 나라와 자신을 망치는 화근이었다. 메두사나 구미호가 추악한 악녀로 추락한 것도 그들이 치명적으로 아름다웠기 때문이다. 아름다움에 미혹될지 모른다는 남성들의 두려움이 아름다운 여인들을 악녀로 만들었다. 사실 진나라 하희는 직접적으로 정치에 관여하거나 사람을 죽이는 악행을 저지르지 않았다. 그녀에게는 오직 너무 아름다웠다는 죄밖에 없었다. 아름다운 하희를 차지하기 위해 싸움이 일어났고, 주변의 모든 사람들이 권력 싸움에 휘말려 죽었다. 바로 이 때문에 하희는 악의 원형으로 「얼폐전」에 수록되었다.

여인의 아름다움 자체가 어찌 악의 근원이 되겠는가? 실은 여인의 아름다움에 미혹되어 공적인 도리를 저버린 위정자에게 큰 잘못이 있다. 하지만 「얼폐전」은 세상이 혼란해지는 재앙의 근원을 아름다운 여인에게 돌린다. 그들은 정말로 악녀였을 수도 있고, 혹은 권력의 희생양이었을 수도 있다.

물론 그들의 행동이 모두 옳았다는 말은 아니다. 그러나 역사가 다양한 삶의 흔적을 남기며 흘러오고 있다는 사실만큼은 분명하다. 극단적으로 욕망을 누르며 살았던 「절의전」의 여인들이 있었다면, 속박을 벗어던지고 자신의 욕망에 지극히 충실하며 살았던 「얼폐전」의 여인들도 있었던 것이다.

암탉이여! 새벽에 울지 마라! 그러면 집안이 망할지니

『상서(尚書)』「목서(牧誓)」는 무왕(武王)이 여러 제후와 군사를 이끌고 주왕을 토벌하기 위해 목야(牧野)에 이르러 군사들에게 당부한 말을 기록한 것이다. 무왕이 전쟁을 시작하기 전, 황금빛 도끼를 들고 주왕의 죄상을 폭로하는데, 서두를 다음과 같이 시작한다. "옛사람이 말하기를, 암탉은 새벽에 울지 않는데, 암탉이 새벽에 울면 집안이 망한다고 했다."

이로부터 보건대, 악녀의 두 번째 조건은 남녀유별을 지키지 않는 데 있었음을 알 수 있다. 「정순전」을 비롯해 유향의 『열녀전』 전체를 통틀어 "남녀유별은 나라의 큰 절조이다"라는 표현이 반복적으로 나오고 있다. 송나라 백희는 부모와 보모 없이 규방 밖을 나갈 수 없다고 하면서 불이 난 궁궐에서 타 죽었고, 초나라 정강은 소왕의 부절이 없으면 함부로 움직일 수 없다고 하면서 불어난 강물에 휩쓸려 죽었다. 제나라 맹희는 효공이 휘장이 없는 가마에 태웠다는 이유로 자결하려고 했다. 이들에게 남녀유별은 인간의 삶에서 가장 중요한, 심지어 목숨까지 걸고 지켜야 하는 도리였다.

하지만 「얼폐전」의 여인들은 남녀유별이라는 큰 도리를 무시했다. 규방이라는 공간에서 고요하게 머물러야 하는 여인의 도리를 무시하고, 남성의 영역으로 들어가려고 했다. 그것이 그들을 악녀로 간주하는 근거가 되었다. 유향은 말희에 대해 이렇게 묘사했다. "행동거지는 여인이었지만 장부의 마음을 품었고, 칼을 찼으며 관을 썼다."

말희는 아름다워 걸왕을 미혹되게 했고, 이로부터 나라를 망하게 한 화근이 되었다. 하지만 여인으로서 장부의 마음을 품었기에, 즉 남녀유별의 선을 넘었기에 이미 죄를 지은 악녀가 되었다. 칼은 무기이고 관은 정치를 의미한다. 이처럼 남성의 영역에 도전하는 여인은 모두 악녀로 간주되었다. 위나라 백희는 권력을 마음대로 쥐기 위해 동생인 괴외를 왕으로 세우려고 모의했다. 그 과정에서 직접 창을 들고 나서서 아들인 공회를 협박해 출공을 쫓아내고 자신을 도우라고 강요했다. 권력 앞에서 모성도 버릴 수 있는 잔인한 어머니의 모습이었다.

조나라 창후는 원래의 태자를 폐위하고 자신의 아들을 유민왕으로 즉위시킨 뒤 정치에 관여했다. 진나라로부터 많은 뇌물을 받았고, 아들에게 뛰어난 장군인 이목을 죽이라고 종용했다. 결국 진나라가 공격해왔으나 이를 막아줄 장군이 없었고, 이 때문에 조나라는 망하게 되었다.

제나라 목강도 정치에 관여하며 남편인 선공에게 계손씨와 맹손씨를 몰아내야 한다고 강력하게 주장했다. 또한 진나라 대부에게 뇌물을 주면서 계손행보를 잡아 감금하게 했고, 진나라가 대부 중손멸을 죽여도 된다고 허락해주면 노나라가 진나라의 신하가 되어 섬기겠다는 약속까지 했다. 자신의 욕망을 위해서라면 한 나라의 운명 따위는 안중에도 없는 여인이었다.

하지만 목강의 계획은 실패로 돌아갔고, 결국 동궁에 갇히는 신세가 되었다. 동궁에 갇힌 이후로 목강은 자신의 악행을 뉘우친다. 여자로서 반란을 일으키는 데 참여했고, 이로부터 나라가 어지러워졌으며, 자신의 몸까지 망쳤다는 이유로 후회했다. 「얼폐전」에 나오는 여인 중 유일하게 스스로 반성하는 모습이다. 앞서 밝혔듯이 「얼폐전」에는 '군자가 말하기를'이라는 설정이 빠져 있는데, 유향은 목강이 반성하는 장면에서 유일하게 군자의 평을 달며 애석함을 드러냈다.

사실 「인지전」이나 「현명전」 등에서 왕에게 직접 간언을 올리고, 정치적 결정에 의견을 내는 여인들도 어렵지 않게 찾아볼 수 있다. 그런데 그들은 사적인 이익을 위해서가 아니라 공적인 도리, 대의적인 명분을 지키기 위해 정치에 관여했다. 결국 유향은 여인이 정치에 참여하는 일 자체를 부정하는 것이 아니라 공정하고 바르게 정치하는 길을 보여주고자 했던 것 같다. 이는 비단 그 옛날에만 해당되는 문제가 아니기에, 오늘날 다시 되새겨보며 큰 교훈을 얻게 되는 것이다.

사치한 삶을 누리다

・・

　말희(末喜)는 하(夏)나라 걸왕(桀王)의 비이다. 미모가 빼어났으나 덕이 부족하여 문란하고 도리에 어긋나게 행동했다. 행동거지는 여인이었지만 장부의 마음을 품었고, 칼을 찼으며 관을 썼다.

　걸왕은 이미 말희에게 빠져 있었지만, 더 많은 미녀를 얻어 후궁의 자리에 가득 채워 넣었다. 배우, 어릿광대, 악단을 불러 모으고, 기이하고 뛰어난 공연을 할 수 있는 자들을 옆에 모아두었다. 방탕하고 음란한 음악을 짓게 하면서 밤낮으로 말희와 궁녀들과 더불어 술을 마시는데 하루라도 그칠 날이 없었다. 말희를 무릎 위에 두고 그의 말만 들었고, 제멋대로 행동하고 도리에 어긋났으며, 교만하고 사치스럽고 방자했다.

　걸왕은 또한 술을 채우는 연못을 만들었는데 크기가 배를 띄울 수 있을 정도로 컸다. 북을 한 번 울리면 소처럼 술을 마시는 자가 3천 명

이었다. 머리에 고삐를 채워서 연못의 술을 마시게 하다가, 취해서 빠져
죽는 사람이 있으면, 말희가 웃으며 재밋거리로 삼았다.

그 모습을 본 용봉(龍逢)이 간언을 올리며 말했다.

"왕의 행동이 도리에 어긋나시니, 분명 망하게 될 것입니다."

그러자 걸왕이 말했다.

"그대는 태양이 사라지는 걸 본 적이 있는가? 만에 하나 태양이 사

라진다면 그때는 나도 망할 것이다."

걸왕은 용봉의 간언을 듣지 않고, 망령된 말을 했다는 이유로 그를 죽여버렸다.

그 후 걸왕은 옥으로 장식한 화려한 집과 누대를 지으면서 건물을 더 크고 높게 올리게 했다. 나라의 재산을 탕진하고도 오히려 만족할 줄 몰랐다.

걸왕은 탕(湯)을 불러 하대(夏臺)에 가두었다가 얼마 뒤에 풀어주었다. 제후들이 크게 반란을 일으키자, 탕은 천명을 받아 걸왕을 정벌했다. 명조(鳴條)에서 전투를 하려는데, 걸왕의 병사들은 아예 싸우려 들지 않았다. 탕은 마침내 걸왕을 쫓아냈다. 걸왕은 말희와 애첩들과 함께 배를 타고 바다를 떠돌다 남소산(南巢山)에서 죽었다.

『시경』에서 "그 지혜 많은 여인은 올빼미나 부엉이 같은 짓을 하는구나"라고 한 것은 이를 이르는 말이다.

송하여 말한다.

말희는 걸왕의 배필이 되어, 난잡하고 교만하며 득의양양해했네.
걸왕은 이미 도리에 어긋났지만, 또 더욱 황음(荒淫)에 빠져버렸네.
간교하고 음란하여, 법도와 윤리를 돌아보지 않았네.
하후씨(夏后氏)의 나라는 결국 상(商)나라로 바뀌었네.

포악하고 음란한 행위를 일삼다

· ·

달기(妲己)는 은(殷)나라 주왕(紂王)의 비로 주왕의 총애를 받았다. 주왕의 재주와 힘은 보통 사람보다 뛰어났다. 맨손으로 맹수를 때려잡을 수 있었고, 지력으로 간언하는 말을 막을 수 있었으며, 언변은 자신의 잘못을 말로 꾸며대어 덮을 수 있을 정도였다. 신하들에게 자신의 능력을 뽐내고, 천하에 자신의 명성을 드높였으며, 사람들이 모두 자기보다 아래에 있다고 여겼다. 주색에 빠져 음란하게 놀고 즐기며, 달기 옆을 한시도 떠나지 않았다. 달기가 칭찬하는 사람을 귀하게 여기고, 싫어하는 사람은 죽였다. 음란한 노래와 방탕한 춤, 퇴폐적인 음악을 만들게 하고, 진귀한 물건을 거두어들여 후궁에 쌓아두었다. 아첨하는 신하와 수많은 궁녀는 모두 원하는 것을 가질 수 있었다. 술지게미를 쌓아 언덕을 만들고, 술을 부어 연못을 만들었으며, 고기를 매달아 숲을 만들

었다. 또 사람들을 벌거벗겨 그 사이를 돌아다니게 하며, 밤새도록 술을
마셨다. 달기는 이렇게 노는 것을 좋아했다.

원망하는 백성과 배반하는 제후가 나오자, 주왕은 포락(炮烙)이라는
형벌을 만들었다. 구리 기둥에 기름을 바르고, 밑에서 숯불로 달구어,
죄를 지은 사람에게 그 위를 걷게 했다. 걷다가 미끄러져 숯불 속으로

떨어지면 달기가 좋아하며 웃었다.

비간(比干)이 간언하여 말했다.

"선왕의 전법(典法)을 닦지 않고 여인의 말만 들으시면 머지않아 재난이 닥칠 것입니다."

주왕이 망령된 말이라고 화를 내자 달기가 말했다.

"제가 듣기로 성인(聖人)의 심장에는 구멍이 일곱 개 있다고 합니다."

이에 비간의 심장을 도려내어 살펴보았다. 또한 기자(箕子)를 잡아 가두었고, 미자(微子)를 추방했다.

마침내 무왕이 천명을 받아 군사를 일으켜 주왕을 토벌했다. 목야(牧野)에서 전투를 하는데, 주왕의 군사들이 창을 거꾸로 잡고 항복했다. 주왕은 늠대(廩臺)에 올라 보석으로 장식된 옷을 입고 자살했다. 무왕은 마침내 천명으로 받은 징벌을 단행했고, 달기의 목을 베어 작은 백기(白旗)에 매달았다. 그러면서 주왕을 망하게 한 자가 바로 이 여인이었음을 알렸다.

『상서(尙書)』에 "새벽에 암탉을 울리지 마라. 암탉이 새벽에 울면 집안이 망한다"라고 했다.

『시경』에 "왕이 소인을 믿으니 혼란함은 더욱 심해졌네. 그들은 함께할 만한 자들이 아니니 왕의 병폐만 될 뿐이네"라고 했으니 이를 이르는 말이다.

송하여 말한다.

달기는 주왕의 배필이 되어, 미혹되고 음란한 짓을 일삼았네.
주왕이 이미 도리에 어긋났는데, 다시 서로 더욱 잘못되게 했네.
포락을 당하는 자를 손가락질하며 비웃고, 간언하는 자는 간을 도려내고 감옥에 가두었네.
끝내 목야에서 패하여, 상나라가 주(周)나라로 바뀌었네.

거짓으로 봉홧불을 피워 올리다

∙∙

　포사(襃姒)는 어린 궁녀의 딸로 주나라 유왕(幽王)의 왕후이다. 처음에 하나라가 쇠했을 때, 포(襃)나라 사람의 신령이 두 마리 용으로 변해 왕의 정원에 나타나 말했다. "우리는 포나라의 두 선군(先君)이다."

　하나라 왕이 점을 쳐보니 용을 죽이거나 쫓아내면 길하지 않다고 했다. 대신 그 침을 받아서 잘 보관해두면 길하다는 점괘가 나오자 비단과 패물을 바쳤다. 그러자 용이 갑자기 사라졌다. 용이 흘린 침은 함 속에 담아서 교외에 묻어두었고, 주나라 대에 이르도록 아무도 감히 함을 열어보지 않았다. 주나라 여왕(厲王) 말년에 이르러 비로소 함을 열어 보았는데, 침이 궁전의 정원으로 흘러 들어가 없앨 수 없었다. 왕이 부인에게 벌거벗고 큰 소리로 떠들게 했더니, 검은 도마뱀으로 변해 후궁으로 들어갔다. 아직 젖니도 다 갈지 않은 궁궐의 어린 시녀가 도마뱀을 만났

는데 비녀를 꽂을 나이가 되자 임신을 했다. 아이를 낳은 것은 선왕(宣
王) 때였다. 남편 없이 아이를 낳은 것이라 두려워서 아이를 버렸다.

　그런데 그전부터 이런 동요가 유행하고 있었다.

　"산뽕나무로 만든 활, 키 모양 화살통, 이것이 주나라를 망하게 하리
라."

　선왕도 이 동요를 들었다. 그 후 어떤 부부가 산뽕나무로 만든 활과
키 모양처럼 생긴 화살통을 팔고 있는 것을 보고 잡아서 죽이려고 했다.
부부가 밤을 틈타 도망을 가다가 어린 시녀가 버린 아기가 밤중에 혼자
우는 소리를 들었다. 불쌍한 마음이 들어 아기를 데리고 마침내 포나라
로 도망갔다.

　아기가 장성하니 미모가 뛰어났다. 포나라의 왕 후(姁)가 소송에 걸
려 여인을 바치고 죗값을 치르고자 했다. 유왕이 여인을 후궁으로 들여
총애하고, 마침내 포나라 후를 풀어주었다. 이 때문에 이름을 포사라고
했다.

　포사가 아들 백복(伯服)을 낳자, 유왕은 왕후였던 신(申)나라 제후의
딸을 폐위하고 포사를 왕후로 세웠다. 또 태자 의구(宜臼)를 폐위하고 백
복을 태자로 삼았다. 유왕은 포사에게 빠져 궁궐을 나가고 들어올 때마
다 수레에 함께 태웠으며, 나랏일은 하나도 돌보지 않았다. 늘 말을 몰
아 사냥만 하고, 포사의 비위를 맞추려고 애썼다. 술독에 빠져 앞에다
배우들을 불러놓고 밤낮으로 즐겼다.

　포사는 잘 웃지 않았다. 유왕이 포사가 웃는 것을 보고 싶어 백방으
로 노력해보았으나 허사였다. 하루는 유왕이 봉홧불을 올려 북을 크게

치고 적이 쳐들어왔다고 알렸다. 제후들이 모두 달려왔지만 적이 쳐들어오지 않자, 포사가 이를 보고 크게 웃었다.

이때부터 유왕은 포사를 즐겁게 해주려고, 수시로 봉홧불을 올렸다. 그 뒤로는 아무도 봉화를 믿지 않았고, 제후들도 달려오지 않았다. 충직하게 간언을 하는 자들은 죽임을 당했다. 모두 포사가 말하는 것만 따랐으며, 위아래에서 서로 아첨만 하니 백성이 떠났다.

이에 신나라 제후가 증(繒)나라, 서이(西夷)의 견융(犬戎)과 함께 유왕을 공격했다. 유왕이 봉홧불을 올려 군대를 불렀지만 아무도 달려오지 않았다. 신나라 제후는 마침내 여산(驪山) 아래에서 유왕을 죽이고 포사를 사로잡았으며, 주나라의 재물을 모두 빼앗아 달아났다. 제후들은 신나라 제후의 뜻을 따라 원래 태자였던 의구를 함께 왕으로 세웠다. 그가 바로 평왕(平王)이다. 그 후로 주나라도 다른 제후들의 나라와 다를 바 없이 되었다.

『시경』에 "포사가 혁혁한 주나라를 멸망시켰네"라고 했으니 이를 이르는 말이다.

송하여 말한다.

포나라의 신령이 용으로 변하여 포사를 낳았네.

장성해서 유왕의 배필이 되어 왕후와 태자를 폐했네.

봉홧불을 올려 군대가 몰려왔으나, 적이 쳐들어오지 않아 포사가 웃었네.

신나라 제후가 주나라를 정벌하여, 정말로 제사가 끊어지게 했네.

태자를 위기에 빠뜨리다

..

　선강(宣姜)은 제(齊)나라 제후의 딸로 위(衛)나라 선공(宣公)의 부인이다. 처음에 선공의 부인 이강(夷姜)이 급자(伋子)를 낳아 태자로 삼았는데, 선공이 또 제나라의 여인을 얻었다. 여인의 이름은 선강으로 아들 수(壽)와 삭(朔)을 낳았다. 이강이 죽자 선강은 수를 태자로 세우려고 수의 동생 삭과 모의해 급자를 모함했다. 선공은 급자를 제나라에 사신으로 보냈다. 그러자 선강이 몰래 살수(殺手)를 보내 국경에서 기다리고 있다가 죽이게 했다.

　"네 마리 말이 끄는 수레에 소 꼬리털로 장식된 흰 깃발을 꽂고 있는 자를 반드시 죽여야 한다."

　수가 이를 듣고 태자에게 알렸다. "태자, 어서 피하십시오."

　급자가 말했다. "안 된다. 아버지의 명령을 저버리면 어찌 아들이라

하겠는가?"

수는 태자가 반드시 갈 것이라고 짐작하여, 태자와 함께 술을 마시다가 깃발을 빼앗아 길을 떠났다. 살수는 수를 죽였다. 술에서 깨어난 급자는 깃발과 수가 보이지 않자 불길한 마음에 급히 쫓아갔다. 그러나 수는 이미 죽은 뒤였다. 급자는 수가 자신을 대신해서 죽은 것을 애통해하며 살수에게 말했다.

"네가 죽이려고 했던 자는 바로 나다. 그가 무슨 죄가 있느냐? 나를 죽여라."

그러자 살수는 급자도 죽였다. 두 왕자가 모두 죽자 마침내 삭이 태자가 되었다.

선공이 붕어하고 삭은 혜공(惠公)으로 즉위했다. 하지만 끝내 후사가 정해지지 않아 나라의 혼란함이 다섯 세대까지 이어졌고, 대공(戴公)에 이른 뒤에야 안정이 되었다.

『시경』에 "이와 같은 사람은 말씀이 선량하지 않네요"라고 했으니 이를 이르는 말이다.

송하여 말한다.

위나라 선강은 모의하여 태자를 위기에 빠뜨렸네.

아들 수를 태자로 세우려고 몰래 살수를 보냈네.

수와 급자가 모두 죽어 위나라는 정말로 위기에 빠졌네.

다섯 세대 동안 나라가 안녕하지 않았으니, 혼란은 선강으로부터 시작되었네.

왕위를 장악할 음모를 꾸미다

..

애강(哀姜)은 제나라 제후의 딸이자 노(魯)나라 장공(莊公)의 부인이다. 처음에 애강이 아직 시집가지 않았을 때, 장공이 여러 차례 제나라로 가서 애강과 서로 정을 통했다. 애강이 노나라로 와서는 그의 여동생 숙강(叔姜)도 함께 장공을 모시게 했다. 장공이 종실 대부의 부인에게 갖가지 폐물을 가지고 애강을 만나게 했더니, 대부 하보불기(夏甫不忌)가 말했다.

"부인에게 주는 예물은 대추나 밤 정도로 하여 예를 표시하면 되고, 남편에게 주는 예물은 옥이나 비단, 짐승, 새 중에서 선택해 신분의 귀천을 나타냈습니다. 그런데 지금 애강에게 옥과 비단을 예물로 주려고 하시니 안 될 일입니다. 그러면 남녀 구분이 없어집니다. 남녀유별은 나라의 큰 절조인데, 이렇게 해서는 안 되는 일 아닙니까?"

장공은 간언을 듣지 않았다. 또 아버지 환공(桓公)의 사당에 있는 기둥을 붉게 칠하게 했고, 네모난 서까래에 조각을 새겨 넣어 애강 앞에서 자신을 과시했다.

　　애강은 교만하고 음란하여 시동생인 공자 경보(慶父)와 아(牙) 두 사람과 정을 통했고, 경보를 왕위에 오르게 하려고 꾸몄다. 장공이 붕어하고 자반(子般)이 왕위에 오르자, 경보와 애강은 모의하여 당씨(黨氏) 집에서 자반을 죽이고, 숙강의 아들을 왕위에 오르게 했다. 이 사람이 민공(閔公)이다.

　　민공이 즉위하자 경보와 애강은 더욱 음란하고 방자한 짓을 일삼았다. 애강은 다시 경보와 모의해 민공을 죽이고, 경보를 왕위에 세우려 했다. 결국 복기(卜齮)를 보내 무위(武闈)에서 민공을 시해했다. 그 뒤 경보는 스스로 왕위에 올랐다. 그러나 노나라 사람이 경보를 죽이려고 모의하자, 경보는 두려워 거(莒)나라로 도망가고, 애강은 주(邾)나라로 도망갔다.

　　제나라 환공은 희공(僖公)을 왕위에 오르게 했는데, 애강과 경보가 사통하여 노나라를 위기에 빠뜨렸다는 사실을 듣고, 애강을 불러 짐독을 마시게 하고 죽였다. 노나라도 마침내 경보를 죽였다.

　　『시경』에 "훌쩍이며 울지만 탄식한들 무슨 소용 있으리"라고 했으니 이를 이르는 말이다.

　　송하여 말한다.

애강은 사악한 짓을 일삼아, 노나라 장공과 정을 통했네.

두 시동생과도 정을 통했고, 교만하고 질투하며 제멋대로 했네.

경보에 의지하여 모의했으니, 나라가 마침내 이들 때문에 망하게 되었네.

제나라 환공이 정벌하고, 애강에게 짐독을 먹여 죽였네.

권력을 찬탈하려다가 동궁에 갇히다

· ·

    목강(繆姜)은 제나라 제후의 딸로, 노나라 선공(宣公)의 부인이자 성공(成公)의 어머니이다. 총명하고 지혜로웠지만 행실이 문란해 시호를 목(繆)이라고 했다.

    처음에 성공이 어렸을 때, 목강은 숙손선백(叔孫宣伯)과 정을 통했다. 선백은 이름을 교여(喬如)라고 했다. 교여는 목강과 모의해 계손씨(季孫氏)와 맹손씨(孟孫氏)를 제거하고 노나라를 장악하고자 했다.

    진(晉)나라와 초나라가 언릉(鄢陵)에서 전쟁을 벌이자, 선공이 진나라를 도우러 출정하게 되었다. 선공이 떠나려 할 때 목강이 고했다.

    "공께서는 계손씨와 맹손씨를 반드시 축출하셔야 합니다. 그들은 왕을 배신할 것입니다."

    선공은 진나라의 전쟁을 도우러 가야 해서 이를 거절하며, 돌아와서 명을 들어주겠다고 했다. 목강은 또 진나라 대부에게 뇌물을 써서 계손행보(季孫行父)를 잡아 가두게 했고, 중손멸(仲孫蔑)을 죽이는 것을 허락하면 노나라가 진나라의 신하가 되어 섬기겠다고 했다. 노나라 사람들이 교여를 따르지 않고 쫓아내기로 맹세하자, 교여는 제나라로 도망갔다. 노나라는 목강을 동궁(東宮)으로 쫓아냈다.

목강은 막 동궁으로 들어가서 점쟁이에게 점을 치게 했다. 그러자 간괘(艮卦)의 여섯 번째 효(爻)가 나왔다.

점쟁이가 말했다.

"이것은 간괘에서 수괘(隨卦)로 바뀌는 것을 말합니다. 수괘는 나간다는 뜻입니다. 부인께서는 반드시 여기서 나가시게 될 것입니다."

목강이 말했다.

"아니네. 이 괘는 『주역(周易)』에서 이렇게 풀이하네. '수괘는 으뜸이고, 형통하며, 이롭고, 마음이 곧아, 허물이 없다.'

원(元)은 선함의 으뜸이고, 형(亨)은 가례(嘉禮)에서 주인과 손님이 만나는 것이며, 이(利)는 도리가 화합하는 것이고, 정(貞)은 일의 근간이네. 그렇게 해야 진실로 거짓이 없게 될 것이네. 이 때문에 수괘가 나오면 허물이 없다고 한 것이야.

하지만 지금 나는 부인으로서 함께 모반을 도모했고, 낮은 위치에 있어야 하는데 어질지 못했으니 '원'이라 할 수 없네. 나라를 혼란하게 했기에 '형'이라고 할 수 없고, 사건을 일으켜 몸을 해쳤기에 '이'라고 할 수 없으며, 내 자리를 버리고 방자했기에 '정'이라고 할 수 없네. 이 네 가지 덕이 있어야 수괘가 나오면 허물이 없는 법인데, 나에게는 하나도 없네. 그러니 어찌 수괘의 괘사(卦辭)대로 되겠는가? 내가 사악한 짓을 했는데, 허물이 없을 수 있겠는가? 분명 여기서 죽고, 절대로 나가지 못할 것이네."

끝내 목강은 동궁에서 죽었다.

군자가 말했다.

"애석하다, 목강이여! 비록 총명하고 지혜로운 자질을 지녔으나, 끝내 음란한 죄를 가릴 수 없었구나."

『시경』에 "남자가 색에 빠지는 것은 그래도 할 말이 있지만, 여자가 색에 빠지는 것은 말할 수도 없다네"라고 한 것은 이를 이르는 말이다.

송하여 말한다.

목강은 음란하고 방탕했고, 숙손선백은 진실로 교만했네.
모의하여 계손씨와 맹손씨를 쫓아내고, 노나라를 마음대로 장악하려고 했네.
이미 폐위되어 동궁으로 쫓겨나니, 원래의 마음이 꺾여버렸네.
이후에 비록 선한 말을 했지만, 끝내 잘못을 되돌릴 수 없었네.

뛰어난 미색으로 나라를 망치다

．．

진(陳)나라 여인 하희(夏姬)는 진나라 대부 하징서(夏徵舒)의 어머니이
고, 어숙(御叔)의 아내이다. 미모는 비할 데 없이 아름다웠고, 재주까지
겸비했다. 나이가 들어도 몸은 다시 젊어져, 왕후가 된 것만 세 번이었
고, 부인은 일곱 번이나 되었다. 그래도 공후들은 하희를 얻으려고 다투
었으며, 그녀에게 미혹되어 정신을 잃지 않은 사람이 없었다. 하희의 아
들 하징서는 대부가 되었다.

공손녕(公孫寧), 의행보(儀行父), 진나라 영공(靈公)은 모두 하희와 정을
통했다. 그들은 때로 하희의 옷을 입기도 했고, 심지어 속옷까지 입고
와서 조정에서 장난을 일삼았다. 설야(泄冶)가 이를 보고 공손녕과 의행
보에게 말했다.

"왕이 선하지 않은 행동을 하면 그대들이 당연히 덮어주어야 하거

늘, 지금 그대들은 왕을 따라 더 방탕한 짓을 하고 있는 것이오? 그것도 은밀한 곳이 아니라 조정에서 이러고 있으니, 이렇게 백성을 희롱하면 그들이 뭐라고 하겠소?"

두 사람이 영공에게 알리자 영공이 말했다.

"다른 사람들이 내가 선하지 못한 것을 알아도 해(害)가 안 되는데, 설야가 그것을 아니 과인이 수치스럽소."

이에 몰래 사람을 보내 설야를 죽였다.

영공이 공손녕과 의행보 두 사람과 함께 하희의 집에서 술을 마시다가 아들 하징서를 불러오게 했다. 영공이 두 사람에게 장난치며 말했다.

"징서가 그대들을 닮은 것 같소."

두 사람도 말했다.

"영공을 더 닮은 것 같습니다."

하징서는 이 말에 화가 나서, 영공이 술자리가 끝나고 나갈 때 쇠뇌를 들고 마구간 문 앞에서 숨어 있다가 활을 쏘아 영공을 죽였다. 공손녕과 의행보는 모두 초(楚)나라로 도망갔고, 영공의 태자 오(午)는 진(晉)나라로 도망갔다.

그다음 해 초나라 장왕(莊王)이 군대를 일으켜 하징서를 죽이고 진나라를 안정시켰다. 그런 뒤 태자 오를 왕으로 세웠으니 이 사람이 바로 성공(成公)이다.

장왕이 하희의 미색을 보고 부인으로 삼고자 하니, 신공무신(申公巫臣)이 간언했다.

"안 됩니다. 왕께서는 죄인을 징벌하시는 분인데, 하희를 부인으로 삼으면 색을 탐하시는 꼴입니다. 색을 탐하는 것은 음란함이고, 음란함은 큰 죄입니다. 왕께서는 헤아려주십시오."

왕이 이 말을 따르기로 하고, 뒷담을 허물어 하희를 내보냈다.

다시 장군 자반(子反)이 하희의 미색을 보고 아내로 삼으려 하자 신공무신이 간언했다.

"이 여인은 상서롭지 못합니다. 남편 어숙과 영공, 아들 하징서를 죽게 만들고, 공손녕과 의행보가 쫓겨나게 했으며, 진나라를 망하게 했습니다. 천하에 아름다운 부인이 얼마나 많은데, 왜 하필 저 여인을 들이고자 하십니까?"

자반도 이내 생각을 접었다. 장왕은 결국 하희를 연윤(連尹) 양로(襄老)에게 주었는데, 양로가 필(邲) 땅에서 죽고, 그 시체도 찾지 못했다. 그 뒤 양로의 아들 흑요(黑要)가 다시 하희와 정을 통했다.

그런데 이번에는 무신이 하희에게 말했다.

"그대가 정(鄭)나라로 돌아가 있으면 내가 아내로 삼겠소."

공왕(恭王)이 즉위하여 무신을 제나라에 사신으로 보냈는데, 무신은 제나라로 가지 않고 가족을 모두 데리고 정나라로 갔다. 그리고 사람을 보내 하희를 불러오게 하며 말했다.

"양로의 시체를 찾을 수 있을 것 같소."

그 말에 하희가 따라나섰다. 무신은 다시 사람을 보내 제나라에서 받은 패물을 초나라로 돌려보내고, 자신은 하희와 진(晉)나라로 도망갔다. 대부 자반이 이 때문에 화가 나서, 자중(子重)과 함께 무신의 친족을 멸하고, 그들의 재산을 쪼개어 나누었다.

『시경』에서 "이런 사람은 혼인을 망치네. 너무도 믿음이 없고 목숨도 돌보지 않네"라고 한 것은 여인의 미색이 목숨을 앗아간다는 사실을 가리킨다.

송하여 말한다.

하희는 미색이 뛰어나서 진나라를 망하게 했네.
두 대부를 도망가게 하고, 자신의 아들까지 죽게 했네.
초나라 장왕을 거의 그르칠 뻔했고, 무신을 패가망신시켰네.
자반이 후회되고 두려워, 신공의 친족을 멸하고 재산을 쪼개어 나누었네.

위나라를 혼란에 빠뜨린 두 여인

· ·

위(衛)나라의 두 음란한 여인 남자(南子)와 위백희(衛伯姬) 이야기다.
남자는 송(宋)나라 여인으로, 위나라 영공(靈公)의 부인이다. 송나라 공자
자조(子朝)와 정을 통했는데, 태자 괴외(蒯聵)가 그것을 알고 싫어했다.
그러자 남자는 영공에게 태자를 모함하며 참언했다.

"태자가 저를 죽이려고 합니다."

영공이 괴외에게 크게 화를 내자, 괴외는 송나라로 도망갔다. 영공
이 붕어하고, 괴외의 아들 첩(輒)이 즉위했으니 그가 곧 출공(出公)이다.

위백희는 괴외의 누이로 공문자(孔文子)의 아내이고 공회(孔悝)의 어
머니이다. 공회는 출공의 재상이었다. 공문자가 죽자, 백희는 남편이 데
리고 있던 시종 혼량부(渾良夫)와 정을 통했다. 백희가 혼량부를 괴외에

게 보냈더니 괴외가 말했다.

"그대가 만일 나를 위나라로 돌아갈 수 있게 해준다면, 이에 대한 보답으로 그대를 대부에 오르게 해주겠소. 그리고 세 가지 죽을죄를 지어도 사면해주겠소."

괴외는 혼량부와 약속을 했고, 백희를 아내로 삼아도 좋다고 허락했다. 혼량부가 기뻐하며 이를 백희에게 알리자 백희도 크게 기뻐했다. 이에 혼량부는 괴외와 함께 공회의 집 정원으로 몰래 숨어 들어갔다. 날이 어두워지자 두 사람은 옷을 바꿔 입어 변장한 뒤 수레를 타고 백희의 처소로 갔다. 식사를 마치고 나서 백희가 창을 들고 앞장서며 태자와 무장한 병사 다섯 명을 데리고 갔다. 자신의 아들인 공회를 구석으로 몰아넣고, 괴외가 왕위에 오를 수 있도록 도와주기로 억지로 약속하게 했다. 출공은 노나라로 도망갔고, 자로(子路)도 죽임을 당했다. 괴외가 마침내 즉위했으니 이 사람이 장공(莊公)이다.

장공은 영공의 부인 남자를 죽이고, 혼량부도 죽였다. 그러나 장공은 융주(戎州)에서 일어난 난 때문에 또 도망갔다. 4년이 지나고 출공이 다시 돌아왔다. 그가 돌아오려고 할 때 대부들이 공회의 어머니를 죽이고 출공을 맞이했다. 두 여인 때문에 다섯 세대 동안 위나라에 혼란이 이어졌고, 도공(悼公)에 이르러서야 안정되었다.

『시경』에 "쥐에게도 가죽이 있는데, 사람 된 몸으로 예의가 없네. 사람이면서 예의가 없으면, 죽지 않고 무엇 하는가?"라고 했으니 이를 이르는 말이다.

송하여 말한다.

남자는 사람을 미혹하게 하고 음란하여, 송나라 자조와 정을 통했네.
태자 괴외를 참소하여 도망치게 했네.
공회의 어머니 역시 총애를 받아 두 왕의 일에 관여했네.
두 가지 화근이 서로 얽혀 모두 이 때문에 죽고 말았네.

왕후와 태자를 모함하다

· ·

조(趙)나라 영오녀(靈吳女)는 호를 맹요(孟姚)라 했다. 오광(吳廣)의 딸이자 조나라 무령왕(武靈王)의 왕후이다. 처음에 무령왕이 한(韓)나라 왕의 딸을 부인으로 얻어 아들 장(章)을 낳았다. 무령왕은 부인을 왕후로, 장을 태자로 삼았다.

왕이 일찍이 꿈에서 어떤 처녀가 거문고를 타며 노래 부르는 것을 보았다.

미인의 자태 아름답구나! 얼굴은 활짝 핀 능소화 같네.

운명이여! 운명이여!

하늘의 때를 만나 태어났지만 나의 아름다움 알아주는 이 없네.

다음 날 왕이 술자리에서 꿈에 본 것을 여러 번 말하며, 그 처녀를 만나고 싶어 했다. 오광이 이를 듣고 왕후를 통해 자신의 딸 맹요를 왕에게 보냈다. 맹요는 매우 아름다웠다. 왕은 맹요를 총애했고, 곁을 떠날 줄 몰랐다.

몇 년 뒤에 맹요는 아들 하(何)를 낳았다. 맹요는 무령왕에게 왕후가 음란한 뜻을 품었으며, 태자가 부모를 사랑하지 않고 효도하지 않는다고 여러 차례 넌지시 모함했다. 왕이 이에 왕후와 태자를 폐위하고, 맹요를 혜후(惠后)로 삼았으며, 하를 왕으로 즉위시켰다. 이 사람이 혜문왕(惠文王)이다. 무령왕은 스스로 호를 주보(主父)라고 했고, 원래 태자였던 장을 대(代) 땅에 봉해 호를 안양군(安陽君)이라 했다.

4년이 지나 혜문왕이 여러 신하들을 불러 모았는데, 안양군도 조회하러 왔다. 주보가 옆에서 여러 신하들과 종실 사람들을 엿보다가, 장이 위축되어 있는 모습을 발견했다. 동생보다 낮은 신분으로 신하가 되었기 때문이라고 생각되니 가련한 마음이 들었다. 이때는 혜후도 죽은 지 오래되어 두 모자를 총애하는 마음이 예전만 못했다. 이에 주보는 조나라를 나누어 대를 분리하고, 장을 대의 왕으로 세우고자 했다. 그러나 계획이 결정되기도 전에 무산되었다.

주보가 사구궁(沙丘宮)으로 떠나 있을 때, 장이 자신을 따르는 무리와 함께 난을 일으켰다. 이태(李兌)가 네 읍의 군대를 일으켜 장을 공격하자, 장은 주보에게 도망갔다. 주보는 궁문을 닫았고, 이태는 주보의 궁을 포위했다.

이태가 이미 장을 죽이고, 부하들과 모의했다.

"장을 잡기 위해 주보의 궁을 포위했지만, 그렇다고 하더라도 군대를 철수하면 우리는 멸족되고 말 것이오."

그리하여 주보를 계속 포위하고 있으니, 주보가 나가려고 하여도 나갈 수 없었다. 먹을 것도 구할 수 없던 주보는 참새 새끼를 잡아먹으며 연명했다. 그러나 3개월 남짓 지나 끝내 주보는 사구궁에서 굶어 죽었다.

『시경』에 "뜬소문으로 왕을 대하니 도적들이 안으로 들어왔네"라고 했으니, 선하지 못한 것은 안으로부터 나옴을 이르는 말이다.

송하여 말한다.

영오녀는 능소화처럼 아름다웠고, 영혼으로 조나라 무령왕의 꿈과 통했네.
왕이 총애하고 가까이 두니, 이내 미혹된 마음이 생겼네.
왕후를 폐위하고 분란을 일으켜 아들 하를 왕으로 즉위시켰네.
주보가 사구궁의 문을 닫으니 나라는 혼란함 때문에 기울어졌네.

왕후가 되어 나라를 망친 예인

••

창후(倡后)는 한단(邯鄲)의 예인(藝人)으로, 조나라 도양왕(悼襄王)의 왕후이다. 이전에 이미 한 가문을 문란하게 만들었고, 과부가 되었다. 그러나 도양왕이 그 미모에 반해 왕후로 맞이했다.

이목(李牧)이 간언하여 말했다.

"안 됩니다. 여인의 행실이 바르지 않으면, 나라는 이 때문에 무너지고 불안해집니다. 이 여인은 한 가문을 망친 자입니다. 대왕께서는 두렵지 않으십니까?"

왕이 말했다. "나라가 혼란한가 그렇지 않은가는 과인이 정치하는데 달렸소."

그러고는 끝내 부인으로 맞이했다.

처음에 도양왕의 왕후가 아들 가(嘉)를 낳아 태자로 세웠다. 창후는 궁궐로 들어와 희(姬)가 되고, 아들 천(遷)을 낳았다. 왕에게 총애를 받은 창후는 왕 앞에서 왕후와 태자를 몰래 참언했고, 사람을 시켜 태자가 일을 저질러 죄를 짓게 꾸몄다. 이에 가가 폐위되고 천이 태자가 되었으며, 왕후는 쫓겨나고 창후가 왕후가 되었다.

그 후 도양왕이 붕어하고 천이 왕이 되었으니, 이 사람이 유민왕(幽閔王)이다. 창후는 음란하고 방탕하며 행실이 바르지 않아 춘평군(春平君)과 정을 통했고, 진(秦)나라로부터 많은 뇌물을 받았다. 또 왕을 부추겨서 뛰어난 장군인 무안군(武安君) 이목을 죽이게 했다.

얼마 뒤 진나라 군대가 곧바로 쳐들어왔는데, 막을 수 있는 사람이 없었다. 천은 진나라의 포로로 잡혔고, 조나라는 망했다. 대부들은 창후가 태자를 모함하고 이목을 죽인 것을 원망하여, 창후를 죽이고 그 가문을 멸절했다. 또 함께 가를 옹립해 대(代)의 왕으로 삼았다. 조나라는 7년 동안 진나라를 이기지 못하고, 끝내 망하여 진나라의 군(郡)이 되었다.

『시경』에 "사람이 예의가 없으면, 죽지 않고 무엇을 기다리는가?"라고 했으니 이를 이르는 말이다.

송하여 말한다.

조나라 도양왕의 창후는 탐욕스러워 만족할 줄 몰랐네.

왕후와 태자를 폐출했고, 사람들을 속이며 성실하지 않았네.

음란하여 춘평군과 정을 통하고, 하고 싶은 것은 마음대로 다 했네.

진나라의 뇌물을 받고 조나라를 망하게 하니, 자신도 죽고 나라도 망하게 했네.

열녀전

1판 1쇄 인쇄 2016년 10월 21일 | 1판 1쇄 발행 2016년 11월 1일

지은이 유향 | **옮긴이** 김지선
발행인 김재호 | **출판편집인 · 출판국장** 박태서 | **출판팀장** 이기숙

기획 · 편집 정홍재 | **디자인** 이슬기
마케팅 이정훈 · 정택구 · 박수진
펴낸곳 동아일보사 | **등록** 1968.11.9(1-75) | **주소** 서울시 서대문구 충정로 29(03737)
마케팅 02-361-1030~3 | **팩스** 02-361-0979 | **편집** 02-361-1035
홈페이지 http://books.donga.com | **인쇄** JEI 재능인쇄

저작권 ⓒ 2016 김지선
편집저작권 ⓒ 2016 동아일보사

ISBN 979-11-87194-25-5 94100 | **값** 18,000원

이 도서의 국립중앙도서관 출판예정도서목록(CIP)은 서지정보유통지원시스템
홈페이지(http://seoji.nl.go.kr)와 국가자료공동목록시스템(http://www.nl.go.kr/kolisnet)에서
이용하실 수 있습니다.(CIP제어번호: CIP2016024419)